Bernd Degen

Erfolg mit Diskusfischen

Herstellung: Druckhaus Oberpfalz, Wernher-von-Braun-Straße 1, 8450 Amberg
Gestaltung: Fritz Matzulla, Amberg
ISBN 3-980 1265-1-X

Bildnachweise:
Rolf Killian, 10; Helge Mußtopf, 13, 14, 22; H. J. Velte, 57; Martin Trostel, 65; Rainer Jessen, 66; Franz Pröbstl, 69; Harald Jansen, 75; Ron Duister, 95

Aus dem Inhalt

Vorwort

Vor Ihnen liegt ein völlig neu gestaltetes Buch mit dem Titel „Erfolg mit Diskusfischen". Der Inhalt des Buches soll dem Titel gerecht werden. Deshalb werden Sie in diesem Buche auch viele Ratschläge finden, die Sie letztendlich zum Erfolg bei Ihren Diskusfischen führen werden. Ich schrieb dieses Buch aus meinem reichen Erfahrungsschatz bei der jahrelangen Pflege und Zucht des Aquarienkönigs. Seit gut zwanzig Jahren beschäftige ich mich jetzt sehr intensiv mit Diskusfischen. Immer wieder konnte ich feststellen, daß sich neue Aspekte ergaben und plötzlich neue Situationen bei der Pflege dieser Fische auftraten. Immer wieder konnte ich neue Erkenntnisse gewinnen und etwas dazulernen. Durch meine zahlreichen Kontakte mit Diskusliebhabern in der ganzen Welt glaube ich schon sagen zu können, daß ich einen sehr großen Einblick in die Diskusszene habe. Bei jedem Besuch eines Diskusliebhabers, sei es in einer Großzüchterei Asiens oder in einem kleinen Hobbykeller in Deutschland gewesen, sah ich irgend etwas Interessantes, das ich in diesem Buche wiedergeben möchte. Dieses Buch befaßt sich in erster Linie mit der erfolgreichen Pflege und Zucht der Diskusfische. Wiedergegeben werden meine persönlichen Erfahrungen, mit denen ich Erfolg hatte. So kann es durchaus vorkommen, daß sich diese Ausführungen von der Standardlehrmeinung unterscheiden und auch nicht bis ins Detail mit den Aussagen meiner anderen Diskusbücher übereinstimmen. Doch dies ist wirklich so gewollt. Dieses Buch soll eine Art „Kochbuch" für Diskusliebhaber werden. Sie können wirklich die einzelnen Schritte nachvollziehen nach dem Motto: „Man nehme..."!

Ich wünsche Ihnen viel Freude beim Studieren dieses Buches und viel Spaß an Ihrem Hobby.

Bernd Degen

Einstieg in ein schönes Hobby

Die Aquaristik mit all ihren Varianten ist ein sehr altes Hobby. Sehr schnell findet der Aquarienbesitzer eine enge Beziehung zu seinen Fischen. Dies trifft besonders auf größere Fische zu. Es ist wohl verständlich, daß man zu einem Schwarm von Neonfischen nicht so ein inniges Verhältnis bekommen kann wie zu einem Pärchen Diskusfische. Dies ist aber nicht nur in der Größe der Diskusfische begründet, sondern auch in deren Verhalten. Diskusfische gehören zu den Cichliden, und diese Fischfamilie ist ja bekannt für ihr interessantes Verhalten im Aquarium. Keine andere Fischfamilie ist so beliebt bei den Aquarianern wie die der Cichliden. Großcichliden verstehen ihren Besitzer und lernen ihn kennen. Dies mag zwar etwas komisch klingen, doch Aquarianer, die schon einige Zeit Diskusfische pflegen, können dies wohl bestätigen. Der Diskus lernt sehr schnell seinen Pfleger kennen und begrüßt diesen beim Herantreten an das Aquarium. Sehr schnell lernt der Fisch auch, wann und wie er seine Futterportion verabreicht bekommt. Die Fische schwimmen automatisch auf den Futterplatz zu, der ihnen durch die täglichen Fütterungen bekannt ist. Somit kann festgestellt werden, daß Diskusfische sehr schnell einen Vorgang lernen können. Der Hauptpunkt für die Begeisterung an diesem Fisch ist wohl seine einmalige Brutpflege, die er bei der Aufzucht seiner Jungen betreibt. Diskusfische ziehen ihre Jungen über einen Zeitraum von mehreren Wochen regelrecht auf. Dabei säugen sie diese mit einem Hautsekret, welches eine Vielzahl von Bakterien enthält, die eine Steuerung der Lebensfunktionen der Jungfische übernehmen. Die Versorgung von Jungfischen mit körpereigenem Aufzuchtfutter ist bei Fischen nur selten anzutreffen. Dieses komplizierte Brutverhalten macht die Nachzucht von Diskusfischen auch besonders schwierig. Doch alles, was schwierig ist, reizt auch den Menschen. Dies ist wohl ein Grund, weshalb gerade die Diskuszucht als Krönung in der Süßwasseraquaristik angesehen werden kann. Jeder ernsthafte Aquarianer hat wohl schon einmal mit dem Gedanken gespielt, es endlich mit der Diskushälterung und der Diskuszucht zu versuchen.

Die Diskushälterung ist sicher nicht viel schwieriger als die Hälterung von anderen Aquarienfischen. In einem Gesellschaftsaquarium mit Neon, Guppys, Skalaren und anderen Fischen kommt es auch immer wieder vor, daß der eine oder andere Fisch verendet. Da es sich hier aber um „Billigfische" handelt, wird kaum darüber gesprochen. Hat aber ein Diskus eine Krankheit und geht ein, so verendet hier doch ein Tier, das einem besonders ans Herz gewachsen ist und dazu noch eine gehörige Menge Geld gekostet hat. Dieser Verlust wird nur schwer verschmerzt. Verenden aus irgendwelchen Fehlern Fische im Gesellschaftsaquarium, so wird deshalb noch lange nicht das Aquarium aufgegeben. Gehen aber nacheinander einige Diskusfische ein, verzweifelt der Diskusfreund sehr schnell und gibt vielleicht sein Hobby auf. Dies muß jedoch nicht sein, wenn grundlegende Regeln bei der Pflege von Diskusfischen beachtet werden.

Natürliche Voraussetzungen

Diskusfische stammen aus dem südamerikanischen Amazonasbecken. Dort kommen sie in verschiedenen Flüssen vor. Die Durchschnittstemperatur des Wassers, in welchem Diskusfische leben, beträgt 30 Grad C. Der pH-Wert liegt im leicht sauren Bereich und kann in den sogenannten Schwarzwasserflüssen, in welchen der Heckel-Diskus lebt, sogar Werte unter pH 4,0 erreichen. Die elektrische Leitfähigkeit des Wassers ist sehr gering und liegt oft unter 10 Microsiemens. Diesen extremen Werten muß logischerweise bei der Hälterung im Aquarium Rechnung getragen werden. In typischen Diskusgewässern kommen auch nur sehr wenige Wasserpflanzen vor, da dieses Wasser nicht gerade pflanzenfreundlich zu bezeichnen ist.

Diese natürlichen Voraussetzungen zur erfolgreichen Diskushälterung sind im Heimaquarium nicht einfach nachzuvollziehen. In Deutschland besitzen wir eine sehr unterschiedliche Wasserqualität. Jede Stadt oder jede Landschaft hat einen eigenen Wassertyp. So kann es vorkommen, daß nur sehr hartes Leitungswasser zur Verfügung steht. Dieses Wasser muß dann enthärtet und aufbereitet werden. Aquarianer, die das Glück haben, in einer Gegend Deutschlands zu wohnen, die sehr weiches Wasser besitzt, können auf aufwendige Wasseraufbereitungsmedien verzichten. Diskuswildfänge sind nach Möglichkeit in Aquarienwasser zu hältern, welches in etwa den natürlichen Gegebenheiten entspricht. Immer wieder werden Diskusfische in zu kaltem Wasser gehalten. Für die Hälterung bereitet der Leitwert dem Diskusfisch weniger Probleme als der korrekte pH-Wert. Der pH-Wert sollte nicht über den Neutralpunkt von 7,0 anstei-

gen. Aber auch das andere Extrem, daß der pH-Wert unter einen Wert von 4,5 fällt, ist unbedingt zu vermeiden. Ideal ist ein kontinuierlich eingestellter pH-Wert um 6,0 bis 6,5, was den meisten Flußsystemen Amazoniens entspricht.

Selbstverständlich kann ein Diskusaquarium einen Bodengrund besitzen. Dies entspricht ja wohl auch dem natürlichen Lebensraum dieser Fische. Allerdings ist der Bodengrund nicht zu grob zu wählen, da Diskusfische gerne in den Bodengrund hineinblasen, um Nahrung zu suchen. Ideal ist ein Sandboden mit 2 bis 3 mm Körnung. Für die Zucht ist ein Aquarium ohne Bodengrund vorzuziehen, da die Überwachung und Pflege dieses Aquariums wesentlich einfacher ist. Auch Wurzeln und Pflanzen können in ein Diskusaquarium eingebracht werden. Bei der Auswahl der Pflanzen ist lediglich darauf zu achten, daß diese auch höhere Temperaturen gut vertragen. Die Wurzeln dürfen keinerlei Modergeruch an das Aquarium abgeben und das Wasser nicht unnötig belasten. Ein so eingerichtetes Aquarium für Diskusfische kann durchaus die natürlichen Gegebenheiten erfüllen. Daß ein größeres Aquarium wesentlich einfacher zu pflegen ist als ein kleines Aquarium, ist inzwischen jedem Aquarianer bekannt. Deshalb soll am Ende dieses Kapitels der Ratschlag stehen, lieber ein größeres als ein zu kleines Aquarium zu kaufen.

Dieser herrliche cobaltblaue Diskus fühlt sich in seinem bepflanzten Aquarium sehr wohl. Die Pflanzen und leuchtenden Neonfische ergeben einen interessanten Kontrast zu dem Blau des Diskus.

Die eingeborenen Zierfischfänger wohnen entlang der Flüsse des Amazonasgebietes und warten auf die Aufkäufer. Das Wasser steigt während der Regenzeit bis zu zehn Meter an und gelangt dann fast bis an die Hütten, die auf der Uferhöhe stehen.

Wasseraufbereitung
Wasserbehandlung

Wasser ist das Lebenselement für unsere Diskusfische. Den meisten Diskusliebhabern steht nur reines Leitungswasser zur Verfügung. Dieses Leitungswasser ist meist für die Hälterung von Diskusfischen ausreichend und gut zu benutzen. Besonders dann, wenn es nicht zu hart ist, ist eine Hälterung von Diskusfischen hier unproblematisch.

Die Gesamthärte des Wassers wird nach deutschen Härtegraden gemessen. Als Gesamthärte wird die Summe aller im Wasser gelösten sogenannten „Erdalkali"-Ionen bezeichnet. Hier stehen an erster Stelle die Calcium- und Magnesium-Ionen. Sie stellen den größten Anteil der Kationen mit etwa 80%. Calcium ist für die Fische unentbehrlich zum Aufbau ihres Knochengerüstes. Magnesium wird dagegen von den Diskusfischen nur als Spurenelement benötigt, das Körpervorgänge beeinflußt. Wichtiger als die Wasserhärte ist für Diskusfische aber die Leitfähigkeit des Wassers. Unter Leitfähigkeit ist der elektrische Stromfluß im Wasser zu verstehen. Je mehr Ionen vorhanden sind, desto besser wird der Strom geleitet. Zum Beispiel besitzt Salzwasser eine sehr gute Leitfähigkeit, und Stromschläge in Salzwasser sind viel gefährlicher als Stromschläge in Süßwasser. Ein Wasser mit einem Grad deutscher Härte besitzt im Durchschnitt eine Leitfähigkeit von 33 Microsiemens pro Zentimeter. Dieser Durchschnittswert kann als Anhaltspunkt gelten.

Das Wasser im Amazonasgebiet besitzt meist einen sehr geringen Leitwert. Dieser liegt oft unter 10 Microsiemens, da fast keine Carbonathärte enthalten ist. Im Schwarzwasserbereich des Rio Negro liegt der pH-Wert unter 4,0 und der Leitwert weit unter 10 Microsiemens. Jedoch enthält dieses Wasser sehr hohe Konzentrationen von Huminsäuren, die wiederum für einen niedrigen pH-Wert sorgen. Sie entstehen durch eine unvollständige Pflanzenzersetzung, wie sie z.B. auch bei der Torfbildung entsteht. Diese Humin- und Fulvosäuren geben dem Diskuswasser seinen unverwechselbaren Schwarzwassercharakter. Jedoch leben die meisten Diskusfische nicht in ausgesprochenem Schwarzwasser, sondern in einem Mischwasser, dessen pH-Wert über 6,0 liegt. Jedoch besitzt auch dieses Wasser nur einen sehr geringen elektrischen Leitwert.

Wir brauchen also für unsere Diskusfische, besonders aber für die Zucht, weiches Wasser. Diskusfische, die schon in mehreren Generationen bei uns nachgezüchtet wurden, vertragen aber auch problemlos Wasser mit einem höheren Leitwert bzw. einer größeren Gesamthärte. Immer wieder berichten Aquarianer, daß sie Diskusfische erfolgreich in härterem Wasser nachgezogen haben. Dies läßt den Rückschluß zu, daß der elektrische Leitwert bzw. die Gesamthärte nicht unbedingt ausschlaggebend für eine erfolgreiche Diskuszucht sind. Meist spielen Spurenelemente eine größere Rolle als die Mengenelemente wie Calcium oder Magnesium.

Ein wesentlicher Vorteil des härteren Wassers mit höherer Leitfähigkeit ist die größere Stabilität, was den pH-Wert betrifft. Härteres Wasser hat einen viel ausgeglicheneren pH-Wert und neigt nicht zu plötzlichen Schwankungen.

Für die Zucht des Diskusfisches ist dagegen immer noch ein weicheres Wasser erforder-

Einblick in ein gesundes und entwickeltes Diskusei. Deutlich sind die Augen der Diskuslarve und der Dottersack zu sehen. Diese Larve hat eine hohe Chance, in Kürze zu schlüpfen.

lich. Natürlich kann die Zucht auch in härterem Wasser gelingen, jedoch konnte ein solcher Zuchterfolg möglicherweise durch ganz andere Faktoren positiv beeinflußt worden sein. Es läßt sich deshalb keine verbindliche Regel über das perfekte Diskuszuchtwasser aufstellen. Die Leitfähigkeit bzw. der Gesamtsalzgehalt des Wassers bestimmt seinen osmotischen Druck.

Bei der Osmose wandern Wassermoleküle durch eine halb durchlässige Trennwand. Am Beispiel eines Diskuseies läßt sich vielleicht die Osmose am besten erklären. Im Diskusei herrscht ein osmotischer Druck, und im Wasser, welches das Ei umgibt, herrscht ebenfalls ein osmotischer Druck. Ist der Druck innerhalb und außerhalb des Eies ungefähr gleich hoch, so wird die Zellwand des Eies nicht beschädigt. Herrscht allerdings ein großer Druckunterschied, so wird die Zellwand des Diskuseies durch diesen unterschiedlichen Druck zerstört werden. Dies ist oft ein Grund, weshalb die Diskuszucht mißlingt.

Das osmotische Druckgefälle zwischen Ei und Umgebung ist verantwortlich für die

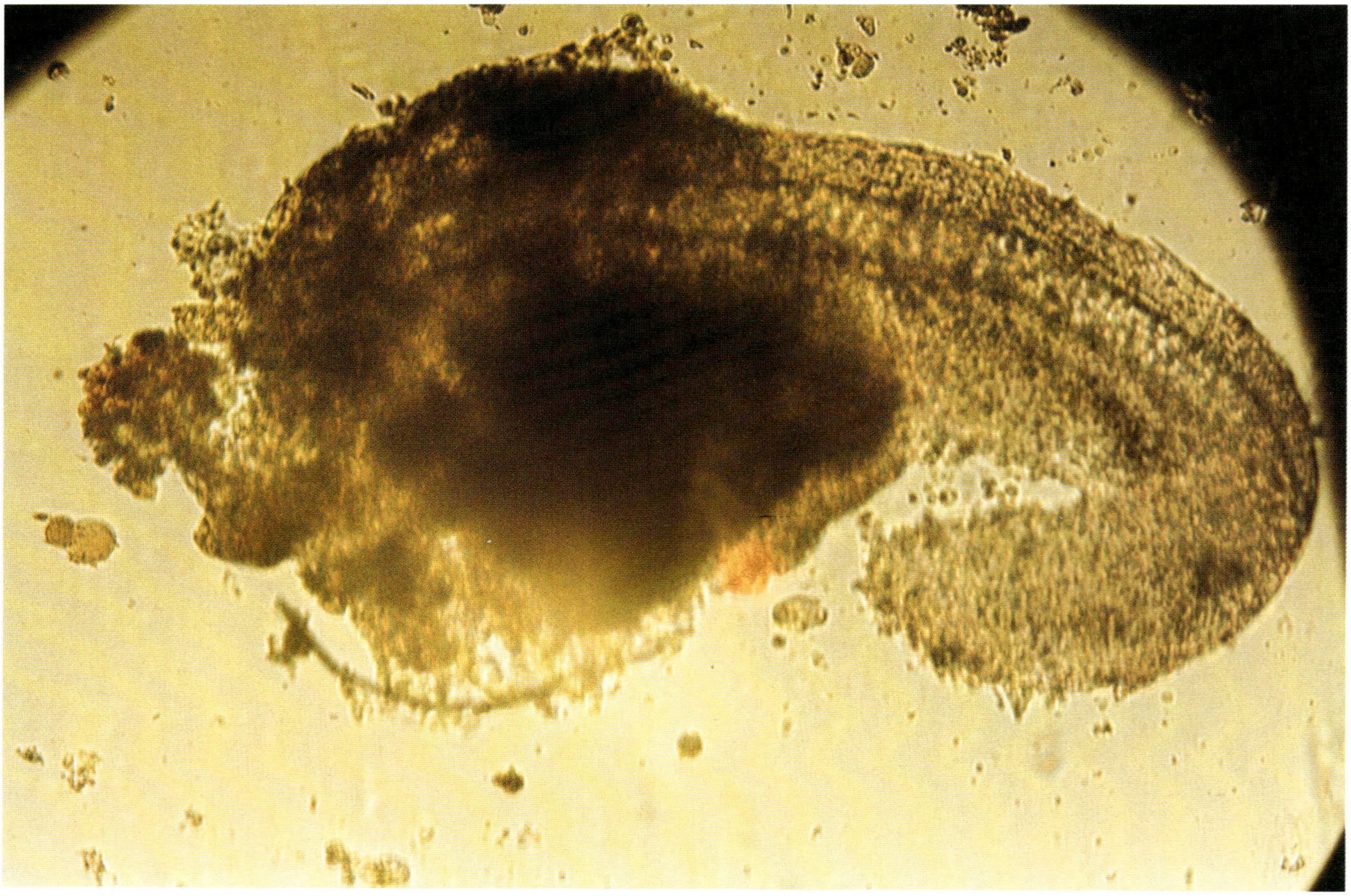

Schrumpfung bzw. das Aufquellen der Eizellen. Bei geringen osmotischen Schwankungen bzw. geringen Änderungen können die meisten Zellen schadlos überleben und sich anpassen. Allerdings können Fischeier und auch Spermazellen, die diese befruchten sollen, in hartem Wasser nur schlecht überleben, und deshalb bleibt die Zucht von Fischen aus typischen Weichwasserregionen im Aquarium erfolglos. Ein typisches Beispiel ist hier der Neonfisch. Seine Nachzucht gelingt nur in extrem weichem Wasser. Da der osmotische Druck mit der Gesamthärte zusammenhängt, sollte bei einer Diskuszucht die Kalkhärte weitgehend entfernt werden. Zur Senkung der Wasserhärte eignen sich zwei völlig verschiedene Systeme. Da ist zum ersten der Ionen-Austausch und zum zweiten die Umkehr-Osmose zu nennen.

Ionen-Austauscher

Zum Ionen-Austausch werden Kunstharzkügelchen verwendet, an welche relativ locker Ionen angelagert sind. Diese Ionen können leicht gegen andere Ionen ausgetauscht werden. Die Kunstharzkügelchen sehen etwa aus wie Sand und müssen aus diesem Grunde am besten in ein Kunststoffrohr gefüllt werden. In diesem Kunststoffrohr kann dann die Reaktion mit dem Wasser erfolgen. Im Fachhandel sind verschiedene solcher Kunststoffrohrsysteme erhältlich.

Je nach Art des Austausches werden zwei verschiedene Systeme unterschieden. Zum einen der Kationen-Austauscher, der positiv geladene Ionen austauscht. Zum anderen der Anionen-Austauscher, der negativ geladene Ionen austauscht. Stört also nur die Carbonathärte, die bei der Diskuszucht unter einem Grad dH liegen sollte, kann mit Hilfe eines Kationen-Austauschers, z. B. Lewatit S 100, in der Natriumform gearbeitet werden. Dieses Enthärtungsharz wird mit Kochsalz regeneriert. Somit ist seine Anwendung sehr einfach. Schwieriger wird schon die Vollentsalzung von Wasser. Um den Leitwert

Diese Diskuslarve ist stark geschädigt und beginnt sich bereits zu zersetzen. Schuld kann hierfür der osmotische Druck sein, welcher die Eihülle zerstörte. Die Beziehung zwischen Wasserdruck und Eientwicklung ist enorm.

Original Alenquer Männchen von Dr. Schmidt-Focke, welches hier in der Anlage von Bernd Degen erfolgreich nachzog. Die Jungen wurden in Linienzucht mit Rottürkisdiskus verpaart. Diese Nachzuchtlinie brachte herrliche Diskus hervor.

des Wassers fast auf 0 herabzusetzen, sind zwei Austauscherharze nötig. Dies könnten z. B. die Harze Lewatit S 100 G 1 und das Harz Lewatit MP 62 sein. Dieses Verfahren der Vollentsalzung ist wesentlich umständlicher und langsamer. So muß das Ausgangswasser zuerst durch den stark sauren Kationen-Austauscher laufen, der sämtliche Kationen gegen H-Ionen austauscht. Salze werden somit in entsprechende Säuren umgewandelt. Das Harz Lewatit S 100 G 1 ist übrigens ein Indikatorharz, welches durch Farbumschlag seinen Verbrauch anzeigt. Das jetzt extrem säurehaltige Wasser läuft durch die zweite Entsalzungssäule mit dem stark basischen Anionen-Austauscher, z. B. Lewatit MP 62. Dieses Harz wird mit dreiprozentiger Natronlauge regeneriert. Das, so voll entsalzte, Wasser besitzt einen sehr sauren pH-Wert von etwa 5,5, der aber nach dem Austreiben des Kohlendioxids auf etwa pH 7 ansteigt. Pro Minute soll die Durchflußgeschwindigkeit des Wassers durch diese Entharzungssäulen etwa 0,5 Liter betragen. Sind die Austauscherharze verbraucht, können sie problemlos regeneriert werden. Beide Harzsorten sind selbstverständlich voneinander getrennt und einzeln zu regenerieren.

Ein Liter Lewatit S 100 G 1 wird mit zwei Litern zehnprozentiger Salzsäure regeneriert. Diese zwei Liter Salzsäure sollen langsam in einem Zeitraum von etwa zwanzig Minuten durch das Harz laufen. Im Anschluß daran muß die Salzsäure mit mindestens zehn Litern Leitungswasser über einen Zeitraum von weiteren zwanzig Minuten herausgewaschen werden.

Aufbau einer Zuchtanlage

Die meisten Diskusliebhaber begnügen sich nicht mit einem Aquarium mit Diskusfischen. Ziel ihres Hobbys ist es, diese herrlichen Fische auch zur Nachzucht zu bringen. Deshalb muß bald eine Diskuszuchtanlage her. Welche Möglichkeiten haben Sie hier, zum Ziel zu kommen? Da gibt es eigentlich zwei gute Möglichkeiten, die jede für sich Vorteile hat. Da wäre zuerst die Einzelbeckenanlage. Mehrere Aquarien werden in einem Regal untergebracht. Idealmaße für Diskuszuchtbecken sind 50 – 70 cm breit, 50 cm tief und 50 cm hoch. Kleine Abweichungen sind natürlich möglich. Da so ein Aquarium nie ganz gefüllt wird, hat es einen Wasserinhalt von etwa 110 – 150 Litern. Für zwei erwachsene Fische völlig ausreichend. Wie können diese Aquarien gut gefiltert werden? Bewährt haben sich hierfür Innenfilter mit Schaumstoffpatronen. Die Filterung erfolgt mittels einer Luftpumpe. Mit starken Luftpumpen von 1000 l Luftleistung können mühelos acht bis zehn doppelte Schaumstoff-Filter betrieben werden. Wenn sie pro Aquarium zwei Doppelfilter, also vier Schaumstoffpatronen, einbringen, haben Sie ausreichende Filterkapazitäten und können 4 bis 5 Zuchtaquarien betreiben. Auch bietet der Zoohandel kleine motorbetriebene Außenfilter für kleinere Aquarien an. Diese „Filterkästen" werden außen angehängt und durch einen leistungsstarken, aber sparsamen Motor angetrieben. Führen die Diskusfische Larven, muß das Ansaugrohr durch einen Überzug soweit verkleinert werden, daß Jungfische nicht in den Filter gezogen werden können. Kleine Schaumstoffpatronen sind als Schutzüberzug bestens geeignet.

Dies dürfte für den Anfang eine ausreichende Menge sein. Der Vorteil dieser getrennten Zuchtaquarien liegt auf der Hand. Jedes Aquarium kann für sich gepflegt werden. In jedem Aquarium kann das spezielle Wasser eingesetzt werden. In jedem Aquarium können extra Medikamente zum Einsatz kommen usw. Zwischen den Aquarien sollte immer ein Sichtschutz in Form eines Kartons aufgestellt werden, damit sich die Tiere nicht immer sehen können. Notorische Eierfresser können einen besseren Pflegetrieb bekommen, wenn im Nachbaraquarium ein „Feind" in Form eines anderen Diskusfisches lauert. Beim Laichvorgang sollen die Fische ungestört sein, deshalb kommt der Sichtschutz wieder zwischen die Aquarien.

Die zweite Möglichkeit wäre es, eine geschlossene Anlage aufzustellen. Die Aquarien stehen in einer Reihe, sind aber an eine gemeinsame Filteranlage angeschlossen. Im Fachhandel gibt es alle möglichen Rohrleitungen aus Plastik. Dazu Klebefittings, Winkel, T-Stücke, Muffen und vieles mehr. Mit diesen Rohren können Sie eine Filteranlage bauen. Die Aquarienrückwand wird beim Glaser entsprechend dem Rohrdurchmesser durchbohrt. In diese Bohrung kommt das Überlaufrohr mit Winkel. Zur Sicherheit wird der Bogen, der aus dem Wasser steht, oben angebohrt, damit das Wasser nicht völlig ablaufen kann. Bei Stromausfall bekommt das Ablaufrohr Luft und das Wasser läuft nicht mehr in den Filter. Der Ablauf wird unter dem Aquarium in Rohren gesammelt und dort zum Filterbecken geleitet. Dort läuft das Wasser aus allen Aquarien zusammen über einen Grobfilter in das Filterbekken. Als Grobfilter kann ein größeres Küchensieb verwendet werden, in dem zwei dünne Lagen Schaumstoff liegen. In der ersten Filterkammer läuft das Wasser zusam-

Großes Filterbecken mit mehreren Kammern und verschiedenen Filtermaterialien. Solche Filter haben eine Langzeitwirkung.

men. Dort kann am besten mit Filterwatte gefiltert werden. In der zweiten Kammer läuft das Wasser über Kies und in der dritten über Tonröhrchen. In der letzten Klarwasserkammer befindet sich die Pumpe, die das Wasser wieder zurück in die Aquarien befördert. Bei diesen Pumpen profitiert der Aquarianer jetzt vom Teichboom. Inzwischen gibt es nämlich schlaue Teichpumpen mit viel Leistung aber geringer Wattzahl. Liegt eine solche Pumpe etwa 80 cm unter den Aquarien in einer Filterkammer, kann sie noch drei bis vier Aquarien mit jeweils 200 Litern Inhalt versorgen. Steht das Filterbecken jedoch auf gleicher Höhe, können problemlos fünf bis sechs Aquarien von dieser Pumpe bedient werden. Das gefilterte Wasser fließt von der Pumpe mittels eines Schlauches in ein Plastikrohrsystem zurück. Dieses Rohr liegt oberhalb der Aquarien. Zu jedem Aquarium wird mit einem T-Stück und einem Wasserhahn, der ebenfalls aus Plastik ist, ein Abzweig geführt. So bekommt jedes Aquarium einen Auslauf. Mit den Hähnen kann der Wasserdurchfluß eingestellt werden, so daß in jedes Aquarium etwa die gleiche Menge gefiltertes Wasser zurückfließt. So ist der Filterkreislauf wieder geschlossen. Diese Aquarien haben den Vorteil, daß sie verhältnismäßig wenig Arbeit machen. Die Wasserversorgung ist fast wartungsfrei. Der Nachteil ist, daß bei Krankheitsausbruch alle Aquarien betroffen sind, deshalb empfiehlt es sich, auch diese Filteranlagen mit einer UV-Lampe zu kombinieren. Durch das UV-Licht werden Bakterien abgetötet. UV-Lampen besitzen zwei Wasseranschlüsse und werden in den Wasserkreislauf nach der Fil-

Große Zuchtaquarien, die nochmals unterteilt wurden. In solch großen Aquarien können auch Jungfische gemeinsam in gleichem Wasser aufgezogen und dennoch getrennt werden.

terung angeschlossen. So wird das gefilterte Wasser, bevor es in die Aquarien zurückfließt, entkeimt. Natürlich besteht in diesen Aquarien die Gefahr, daß Jungfische in den Filter gezogen werden. Deshalb ist es selbstverständlich, daß eine Schutzvorrichtung angebracht werden muß. Hierzu besorgen Sie sich im Eisenwarenhandel rostfreien Maschendraht in entsprechender Feinheit. Schneiden Sie Rechtecke von etwa 6 mal 8 cm aus. Biegen Sie diesen Draht rund auf, vorne geschlossen, und passen ihn in den Überlauf ein. Dazu entfernen Sie aber das lange Ansaugrohr im Aquarium, so daß nur an der Aquarienrückwandbohrung das Sieb steckt. Die Maschenweite können Sie der jeweiligen Größe Ihrer Jungfische anpassen. Beide Arten der Zuchtanlage haben Vor- und Nachteile. Welche Sie wählen, hängt von Ihrem Geschmack, und natürlich auch Geldbeutel ab, denn die zweite Version ist um einiges teurer.

Fütterungsmethoden

Diskusfische gehören zu den Cichliden, sind also in erster Linie Fleischfresser. In seiner Heimat Amazonien findet der Diskus kleine Süßwassergarnelen für seinen Speisezettel. In Gefangenschaft kann man den Diskus an fast alle Arten von Ersatzfutter bringen. Da Diskusfische schon in vielen Generationen nachgezüchtet werden, haben sie die Nahrungsgewohnheiten der freien Wildbahn weitgehend verloren. Klassisches Diskusfutter für halbwüchsige und erwachsene Diskusfische sind Mückenlarven. Diese werden als weiße, rote und schwarze Mückenlarven angeboten. Lebend sind Mückenlarven schwieriger zu bekommen. Gefroren sind alle drei Sorten im Handel. Als gefriergetrocknete Ware sind nur rote Mückenlarven von Bedeutung. Rote Mückenlarven sind ernährungsphysiologisch sicherlich nicht so wertvoll wie beispielsweise schwarze und weiße Mückenlarven. Hinzu kommt, daß Mückenlarven meist schon umweltbelastet sind. Die Verabreichung von Schwermetallen mit Mückenlarven sollte nicht unbeachtet bleiben. Auch Bakterien oder Scheibenwürmer, sowie Cyclops können ins Aquarium eingeschleppt werden. Bei gefriergetrockneten Mückenlarven ist dies nicht zu befürchten, aber Diskusfische fressen zu kleine, gefriergetrocknete Mückenlarven nicht mehr gerne. Ein Nachteil der gefriergetrockneten Futtersorten ist, daß sie immer an der Oberfläche schwimmen und nur schlecht untergehen. Der Diskus nimmt aber sein Futter lieber vom Boden. Neben den Mückenlarven verfüttern Diskuszüchter sehr gerne Rinderherz. Allerdings werden dem Rinderherz auch schlechte Eigenschaften nachgesagt. Vorteile sind sicher die einfache Handhabung dieses Futters und die problemlose Beschaffung. Nachteile sind, daß das Wasser durch Futterreste stark belastet wird. Werden Rinderherzreste irgendwo im Wasser vergessen, kommt es schnell zu Fäulnisbildung. Deshalb muß bei Rinderherzfütterung darauf geachtet werden, daß überschüssiges Futter schnell wieder abgesaugt wird. Durch die grobe Faserung und den hohen Kollagengehalt kann Rinderherz zu Verstopfungen führen. Feineres Truthahnherz ist als DiskusProfiMenue und als Mischfutter mit gefrorenen Artemia-Krebschen im Handel.

Das Rinderherz wird entfettet und entsehnt, dann in Würfel geschnitten und in einem Haushaltsmixer zerkleinert. Es können auch ganze Stücke eingefroren werden, die dann bei Bedarf auf einer Reibe zerkleinert werden. Ideal sind auch Nußreiben, auf denen gefrorene Herzwürfel gerieben werden. Ein weiteres wertvolles Lebendfutter für Diskusfische sind die Enchyträen. Diese weißen Würmchen sind ein gutes Futter, doch macht ihre Zucht schon etwas mehr Mühe. Zuchtansätze werden über Fachzeitschriften angeboten. Enchyträen werden in Kisten gezüchtet, wobei man heute einfach Styroporkisten nehmen kann. Schwierig ist es, die Enchyträen von der Zuchterde zu trennen, damit man reine Enchyträen zum Verfüttern hat. Nützlich ist dabei folgender Trick. Der Klumpen Erde mit Enchyträen wird unter eine Lampe, z. B. Schreibtischlampe, gelegt. Durch die Wärmeeinwirkung trocknet der Erdklumpen schnell aus und die Enchyträen ballen sich in der Mitte zusammen. Sobald der Erdklumpen auseinanderfällt, können reine, saubere Enchyträen verfüttert werden. Als Laichansatzfutter sind Enchyträen hoch geschätzt. Einmal täglich Enchyträen an Diskuspaare verfüttert, bewirkt schnell einen Laichansatz bei den Weibchen. Zusätz-

Diese Jungfische im Alter von sechs Wochen weisen Kiemendeckelverkürzungen auf. Ein Schaden, der sich nur schlecht wieder verwächst. Ursache kann Sauerstoffarmut des Wassers und mangelhafte Mineralstoffversorgung sein.

Bereits im Alter von drei Wochen fressen Diskusjunge gierig feines Beifutter. Hier die beliebten Futtertabletten. Allerdings ist auf regelmäßigen Wasserwechsel zu achten, da starke Fütterung das Wasser belastet.

lich können noch Vitaminmischungen in das Futter der Enchyträen gemischt werden, so werden diese zusätzlich mit Vitaminen angereichert. Gerade junge Diskusfische sind schnell an alle Futtersorten zu gewöhnen. Mit etwas Geduld können aber auch Alttiere an viele Futterarten gebracht werden. Wenn der Liebhaber aber nur einmal Trockenfutter ins Becken wirft, dann erwartet, daß die Fische dieses für sie neue Futter gierig fressen, erwartet er einfach zu viel. Da muß man einige Tage lang vielleicht das Futter nach einer halben Stunde wieder absaugen, weil die Fische es nicht gefressen haben. Nach einigen Tagen stellt sich aber der Erfolg ein. Besonders leicht ist es, Fische an neues Futter zu gewöhnen, wenn wenigstens ein Fisch im Aquarium diesem Futter nachgeht, es also gerne frißt. Durch den Futterneid kommen die anderen Fische von selbst auf den Geschmack.

Trockenfutter in Form von Flocken oder Tabletten kann auf der Speisekarte unserer Diskusfische stehen. Ein Tageskostplan für erwachsene Diskusfische könnte so aussehen, daß bei vier Futterrationen einmal Flokkenfutter, einmal Herz, dann Enchyträen und schließlich noch gefrorene Artemia verabreicht werden. So hätten die Fische eine ausgewogene Kost. Wird jetzt die eine oder andere Futtersorte noch mit Vitaminen angereichert, kann es nicht zu Mangelerkrankungen kommen. Ein öfteres Füttern ist nicht erforderlich, denn meist wird Fischen in Gefangenschaft zuviel Futter angeboten. Erwachsene Diskus kommen mit vier gezielten Futterportionen bestens aus. Bei Jungfischen dagegen ist es ja so, daß diese schnell und ohne Wuchsschäden großgezogen werden sollen. Hier ist eine stärkere Fütterung erforderlich, wobei der alte Lehrsatz „Lieber öfter, aber nur wenig füttern" immer noch stimmt.

Diskusfische werden handzahm. Sie lernen ihren Pfleger kennen. Sogar die besonders empfindlichen Heckeldiskus gewöhnen sich an diese Fütterung.

Füttern Sie Jungfische ruhig bis zu zehnmal täglich. Bemessen Sie aber die Futtermengen so knapp, daß innerhalb von wenigen Minuten das ganze Futter restlos vertilgt ist. Parallel zu einer starken Fütterung von Jungfischen gehört aber auch der regelmäßige Teilwasserwechsel.

Fütterungsmethoden, die aus dem üblichen Rahmen fallen, können sicherlich als progressiv bezeichnet werden. Da der Diskus bezüglich seiner Fütterungsmethoden auch etwas aus dem Rahmen fällt, sollen hier Methoden vorgestellt werden, die verblüffende Erfolge bringen. So ist zum Beispiel das Vitaminbedürfnis von Fischen, speziell Zierfischen, noch nicht ausreichend untersucht worden. Es ist dies ja auch kein Wunder, wenn es bei der Wirkung der Vitamine im menschlichen Körper noch viele offene Fragen gibt. Für Zierfische sind die Vitamine A, D3 und E sehr wichtig. Fütterungsbedingt kann es beim Diskus zu Vitaminmangel – Aviatminosen – kommen. Wahrscheinlich kommt es aber bei Zierfischen besonders zu Hypovitaminosen, also schleichendem Vitaminmangel. Das Vitamin A – Retinol – kommt als Vorstufe besonders in Pflanzen vor. Besser bekannt ist es als Carotin. Diskusfische als Fleischfresser neigen logischerweise dazu, einen Vitamin-A-Mangel zu haben. Bei Pflanzenfressern gelangt das Vitamin A besonders durch Algen oder Diatomeen in den Darmtrakt. Dort wird es dann vom Fisch aufgenommen und umgebaut. Bei Fleischfressern, wie dem Diskus, ist dies nicht möglich.

Ein Defizit an Vitamin A bewirkt folgende Mangelerscheinungen: Schlechtes Wachstum und verringerte Nahrungsaufnahme, Abblassen des Körpers, Nachlassen der

Es macht doch Spaß, einen gesunden Diskus so zu füttern. Nur kranke Fische stehen scheu und dunkel in der Ecke des Aquariums. Gesunde Diskus sind immer neugierig und kommen schnell zum Futterplatz.

Farbintensität, bleibende Kiemendeckelschädigungen und eine Verringerung der Lebermasse.
Das Vitamin D ist in der Natur nur in geringen Mengen vorhanden. Vitaminvorstufen, die Provitamine, sind allerdings in Vielzahl gegenwärtig. Diese Vorstufen muß der Diskus im Körper umwandeln. Wie der Fisch zur Deckung seines Vitamin-D-Bedarfs kommt, ist nicht erforscht. Es ist schwierig zu sagen, welche Aviatminosen bei Vitamin-D-Mangel auftreten. Bei Fischen bezieht sich der Vitamin-D-Mangel besonders auf das Vitamin D3. Da Fische eine Überdosierung von Vitamin D3 durch eine Ablagerung überschüssigen Vitamines in der Leber auffangen, ist der Zusatz von Vitamin D3 zur Nahrung nur anzuraten. Laut Firma Bayer und Firma Merck, die Tier-Vigantol zur Aufzucht und Vigantol für Tiere herstellen, bringt die Zufütterung überraschend positive Erfolge. Eine Überdosierung ist ungefährlich. Meine Dosierungen des Vigantols wurden von obigen Firmen als problemlos und erfolgversprechend eingestuft. Doch wie kann jetzt dieses Vitamin D3 an die Fische verabreicht werden. Gerade für die Aufzucht von Diskusfischen halte ich Vigantol für ein wichtiges Pflegeinstrument des gewissenhaften Züchters. So werden Kleinkinder ja auch mit der täglichen Vitamin-D-Gabe über die Vigantol-Tablette versorgt. Ziel ist die Rachitisvorsorge, die Wachstumsschäden verhindert. Tiervigantol zur Aufzucht ist wasserlöslich. Der Preis für 20 ml liegt bei 10,- DM. 1 ml enthält 20 000 internationale Einheiten Vitamin D3. Eine internationale Einheit (I.E.) ist die Wirkung von 0,025 g kristallisiertem Vitamin D3. 1 mg entspricht 40 000 I.E.
Bei Speisefischen, wie der Forelle, wird von einem Tagesbedarf von 1500 bis 2000 I. E. Vitamin D3 pro kg ausgegangen. Diese Vitamine werden dem Futter zugesetzt. Da Vitamine in ihrer Haltbarkeit immer etwas problematisch sind, habe ich folgende Methode mit großem Erfolg angewandt. Das ölige Vigantol für Tiere wird auf Futtertabletten aufgetropft. Pro Futtertablette ein bis zwei Tropfen. Nach einigen Stunden ist das Vitamin ganz eingesogen. Jetzt wird die Tablette an die Fische verfüttert. So nehmen diese das Vitamin D3 direkt und verlustfrei auf. Achten Sie beim Kauf von Tiefkühlfuttermischungen einmal auf Vitamin- und Mineralangaben.

Dieses wasserlösliche Vigantol kann auch sehr gut unter Herz gemischt werden. Ein Tropfen Vigantol für 10 Jungfische, beziehungsweise einen ausgewachsenen Diskus, ist absolut problemlos in der Dosierung. Das Vitamin E (Tocopherol) muß besonders dann gegeben werden, wenn das Futter viele ungesättigte Fettsäuren enthält. Diese ungesättigten Fettsäuren sind lebenswichtig und leicht verdaulich. Da das Vitamin E auch bei der Hormonsteuerung bedeutend beteiligt ist, wird es gerne als Antisterilitätsvitamin bezeichnet. Auch beim Wachstum steuert das Vitamin E Vorgänge mit. Wie können Fische jetzt zusätzlich mit Vitamin E versorgt werden. Dies ist besonders dann wichtig, wenn Diskusfische zur Zucht angesetzt werden. Futter, das zum Laichen anregen soll, muß immer Vitamin E beinhalten. Sie können die Vitamin-E-Versorgung einfach lösen, indem Sie sich Vitamin E aquosum in der Apotheke kaufen, eine wässrige Dispersion, die für Tiere verwendet wird. Hersteller ist die Firma Albrecht, vet.-med. Erzeugnisse. Also ein Vitaminpräparat für Tiere, deshalb auch preislich günstig. Leider enthält die Flasche 100-ml-Lösung. In 1 ml sind 100 mg

Professionelle Artemiazucht ist Voraussetzung für Großzüchter. Die Krebseier werden in belüfteten Flaschen mit Salzwasser zum Schlüpfen gebracht. Durch Beleuchtung werden die Schlupfergebnisse verbessert.

Tocopherolacetat enthalten, eine Riesenmenge, besonders dann, wenn die angebrochene Lösung schnell verbraucht werden soll. Für Züchter sicher ein Weg, günstig an viel Vitamin E heranzukommen. Diskusfreunde mit weniger Fischen können ja gut auf ein Multivitaminpräparat ausweichen, das auch Vitamin E enthält. Dieses Vitamin E aquosum ist in Wasser löslich. Normalerweise ist Vitamin E, wie z. B. auch die Vitamine A, D und K nur fettlöslich, also ölig. Diese öligen Vitaminlösungen kann man im Aquarium nicht erfolgreich anwenden, indem man sie ins Wasser schüttet, denn da schwimmen sie als Ölfilm an der Wasseroberfläche. Ölige Vitaminkombinationen müssen über das Futter verabreicht werden. Auch Futtertabletten lassen sich mit je ein bis zwei Tropfen Vitamin-E-Lösung impfen. Nach dem Einziehen die Tabletten verfüttern. Wenn die Lösung in Alufolie eingewickelt im Kühlschrank steht, können Sie diese mehrere Wochen verwenden. Nach zwei bis drei Wochen tritt eine Reduzierung der Wirksamkeit ein, doch dies ist bei der Verwendung im Aquarium nicht von Bedeutung. Eine andere Möglichkeit, dieses Vitamin E aquosum ins Aquarium zu bringen, ist die direkte Zugabe von 1 ml Lösung pro 100 l Wasser in der Woche. Eine regelmäßige Gabe, besonders bei laichbereiten Diskusfischen, bringt gute Erfolge. Vitamine der B-Gruppe, besonders

B1, B2, B6 und B12, sind für Fische von Bedeutung. Vitamine der B-Gruppe spielen in den Kohlenhydratstoffwechsel hinein. Sie sorgen für richtige Nährstoffverwertung und Körpergewebsbildung. Nachgewiesen wurden diese wichtigen Zellstoffvorgänge bei Lachs und Schellfisch. Regenbogenforellen wachsen schlecht und fehlerhaft, wenn Vitamin B1 in der Nahrung fehlt. Bei Vitamin-B-Mangel kommt es zu Nekrosen der Kiemendeckel. Unter Nekrosen sind hier ein Absterben des Gewebes durch Nährstoffmangel zu verstehen. Vitamin B12 ist zum Beispiel hochkonzentriert als wäßrige Lösung in der Apotheke unter dem Namen „Ankermann B12" günstig zu erhalten. Die Anwendung kann wie unter Vitamin E beschrieben erfolgen. Als letztes wichtiges Vitamin sei das wasserlösliche Vitamin C beschrieben. Vitamin C – Ascorbinsäure – ist in der Nutzfischzucht als essentiell lebensnotwendig anerkannt. Besonders Salmoniden benötigen viel Vitamin C. Doch allgemein ist es für Fische als wichtiges Vitamin bekannt.

Vitamin C erhalten Sie in der Apotheke als reine Ascorbinsäure in Pulverform sehr preiswert. Dieses Pulver kann ebenfalls dem Futter untergemischt werden. Ein Teelöffel Vitamin C reicht für 500 g Herz völlig aus. Vitamin C reagiert in Wasser sehr schnell und zerfällt rasch. Deshalb müßte bei Vitamin-C-Mangel täglich Vitamin C direkt dem Aquariumwasser zugesetzt werden. Eine Beigabe über das Futter ist aber günstiger. Da es bei Diskusfischen häufig zu Wachstumsstörungen kommt, muß der Vitaminzufütterung größere Beachtung geschenkt werden. Durch Stoffwechselstörungen kommt es zum Verlust des Knochenkalkes, was zu einer Brüchigkeit der Gräten, sowie zu Knochenerweichungen und Kiemendeckelzerstörungen führen kann. Gerade Kiemendeckelfehler kommen immer wieder bei kleinen Diskusfischen vor. Diese geschädigten Jungfische sind verloren, da dafür keine Käufer gefunden werden. Natürlich können neben Ernährungsstörungen auch hormonale, erbliche Mängel oder Bakterienbefall für Kiemendeckelschäden verantwortlich sein. Auf jeden Fall sollen Jungfische zusätzlich mit Vitaminen behandelt werden. Gerade die einseitige Anfangsernährung der Diskusfische durch Artemia-Nauplien kann schuld an Wachstumsschäden sein. Die Artemia-Krebschen sollten unbedingt mit Vitaminen angereichert werden, bevor sie an Diskusfische verfüttert werden. Bereits nach einigen Tagen nehmen die Jungfische auch schon Tablettenfutter, das zerrieben gereicht wird. Sobald die Kleinen an die Futtertabletten an der Scheibe oder auf dem Boden gehen, ist das Füttern kein Problem mehr.

Schon die kleinsten Diskusfische versuchen sich an Lebendfutter, hier schwarzen Mückenlarven, die allerdings für dieses Diskusbaby noch etwas zu groß sind. Bereits in diesem Alter können Diskus an jedes Futter gewöhnt werden.

Ziehen die Elterntiere schlecht auf, das heißt streiten diese und müssen getrennt werden, so daß ein Tier die Jungbrut führt, muß der Züchter möglichst bald Zusatzfutter anbieten. Artemia-Nauplien sind die erste wichtige Nahrungsquelle. Diese Salinenkrebschen werden in Kulturflaschen gezüchtet. Dies geht ganz einfach. In eine leere Mineralwasser- oder Weinflasche kommt ca. 0,7 l Wasser, dazu ein gehäufter Teelöffel Meersalz. Auch normales Speisesalz würde gehen. Dazu geben Sie ein bis zwei gestrichene Teelöffel Salinenkrebseier, die im Zoohandel erhältlich sind, setzen einen Korken mit Luftschlauch auf, stellen das ganze warm, ca 20 bis 28 Grad C und lassen die Eier in ca. 24 bis 30 stunden ausschlüpfen. Dabei ist ein Beleuchten günstig für besseren Schlupf.

Nach dem Schlüpfen werden die Krebschen abgesaugt, durchgesiebt und den Diskuslarven angeboten. Bereits ab dem fünften Tag nach dem Freischwimmen nehmen die Diskusfische dieses Futter gierig. Keinesfalls dürfen Futterreste längere Zeit im Aquarium herumliegen. Durch die Anreicherung mit Futterresten würden Faulgase und auch Nitrat entstehen. Gerade bei der Aufzucht muß immer wieder eine kleine Menge Wasser mit den Futterresten abgesaugt werden. Tubifex-Würmer sollten an junge und ältere Diskusfische nicht verfüttert werden. Diese sind bereits so belastet mit Schwermetallen, daß es zu Vergiftungen und Magen-Darmentzündungen kommen kann. Leider trifft dies auch schon auf viele rote Mückenlarven zu, die ja gerne vom Diskus gefressen werden. Sollten Diskusfische schlierigen, fadenartigen Kot absetzen, dann kann dies ein Hinweis auf eine Darmentzündung sein. Jetzt müssen kleinere Futterportionen gereicht werden. Mückenlarven sind vom Futterplan zu streichen. Nur einwandfreies Futter darf verabreicht werden. Der Diskus als Schwarmfisch läßt sich in seiner Jugend an fast jedes Futter gewöhnen. Wenn der aufmerksame Züchter jetzt regelmäßig viele verschiedene Futtersorten anbietet, hat er es mit den größer werdenden Tieren immer einfach.

In der Glasscheibe spiegelt sich dieser Braune Diskus, als er einem kleinen Regenwurm nachschwimmt. Sekunden später ist die Delikatesse im Magen des Diskus verschwunden. Kleine Regenwürmer, die mit vitaminreichem Futter gefüttert wurden, sind eine Bereicherung für den Speisezettel unserer Diskusfische.

Filterauswahl

Die Filterung eines Aquariums hat eine große Bedeutung bei der Aquarienhygiene. Da uns in Europa aus Kostengründen nicht die Möglichkeit gegeben ist wie in Asien, täglich bis zu 80% des Aquarienwassers auszutauschen, müssen wir auf eine leistungsfähige Filterung des Aquariums zurückgreifen. Leider ist unser Leitungswasser nicht immer völlig einwandfrei und empfindliche Fische reagieren teilweise heftig auf verunreinigtes Wasser. Bereits Spuren von Pestiziden oder Nitrat können Probleme in der Aquaristik aufwerfen. So kann ein größerer Teilwasserwechsel unter Umständen mehr Probleme erzeugen, als zu verhindern. Um so größer ist die Bedeutung eines leistungsfähigen und gut funktionierenden Filters.
Bei der Hälterung und Zucht von Diskusfischen kommen verschiedene Filtersysteme zum Einsatz.
Immer sind Bakterien im Filtersubstrat die Voraussetzung für ein gutes Funktionieren des Filters. Der Aquarianer muß erkennen, daß nicht das Filtermaterial das Wasser reinigt und Schadstoff abbaut, sondern die Bakterien diese Arbeit übernehmen. Deshalb ist es auch völlig unsinnig, einen Filter so zu reinigen, daß das gesamte Filtersubstrat ausgetauscht oder mit kochendem Wasser überbrüht wird. So würden dem Aquarium plötzlich alle nützlichen Bakterien entzogen und das frische Filtermaterial könnte in den ersten Wochen nicht die Reinigung des Wassers übernehmen, da es völlig tot ist. Im schlimmsten Falle könnte ein solches, mißhandeltes Aquarium „umkippen". Es vergehen mehrere Tage oder sogar Wochen bis sich neue Bakterien auf neu eingerichteten Filtern ansiedeln können. Erst dann wird der Filter wieder biologisch aktiv. Filtermaterial sollte aus diesem Grund nur mit leicht lauwarmem Wasser ausgewaschen werden. Dies gilt besonders für mit Schaumstoff bestückte Filtersysteme. Für viele Filter kann Filterwatte als Vorfilter eingesetzt werden. In diesem Vorfilter sammelt sich der optisch erkennbare, grobe Schmutz. Feine Schmutzpartikel gelangen in die unteren Schichten des Filters und werden dort von den Bakterien umgebaut. Diese Watte-Vorfilter können selbstverständlich wöchentlich ausgespült oder weggeschmissen werden.

Diskusliebhaber betreiben in der Regel zwei verschiedene Arten von Aquarien. Zum einen ein sogenanntes Zuchtaquarium, welches meist 100–200 Liter Wasser enthält, zum anderen Hälterungs- und Aufzuchtaquarien, die mehrere hundert Liter Wasser enthalten. Somit müssen auch verschiedene Filtersysteme zum Einsatz kommen.

Für Zuchtaquarien haben sich kleinere Filter gut bewährt. Im Zuchtaquarium soll der Wasserdurchfluß nicht so hoch und die Strömung nicht so stark sein. Werden diese Aquarien einzeln gefiltert, so empfiehlt sich der Einsatz eines Schaumstoff-Filters. Diese Schaumstoff-Filter sind mit ein oder zwei Schaumstoffpatronen bestückt und werden ganz einfach mit Druckluft betrieben.

In den Schaumstoffpatronen siedeln sich Bakterien an und bauen Schadstoffe ab. Diese Schaumstoffpatronen-Filter können eine sehr lange Standzeit erzielen. Es ist nur von Zeit zu Zeit nötig, die Patronen herauszunehmen und kurz unter lauwarmem Wasser auszuspülen. Dann ist der Filter schon wieder voll einsatzbereit. Für kleinere Zuchtaquarien ein ideales Filtersystem. Unterstützt kann dieses Filtersystem noch durch zusätzliche Motorfilter werden. Ich kombinie-

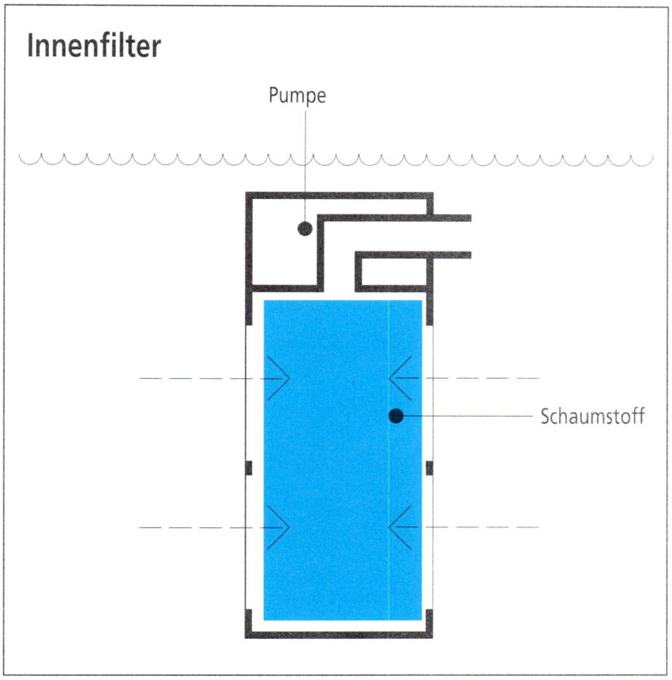

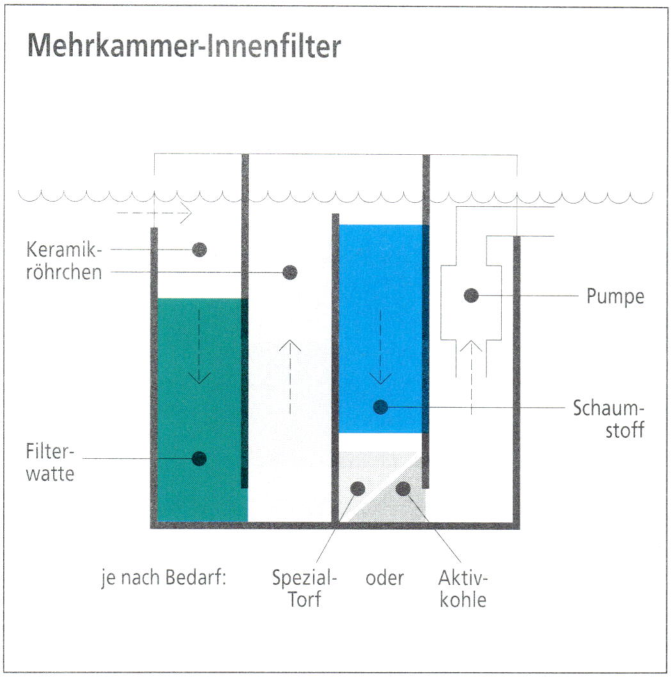

re im Moment Schaumstoff-Filter mit kleinen Außenfiltern. Diese neu auf den Markt gekommenen kleinen Außenfilter werden mit einer Pumpe betrieben, die nur fünf Watt stündlich benötigt, und sind somit eine preisgünstige Alternative. Der Außenfilterkasten wird am Aquarienrand eingehängt und mit Hilfe des eingebauten Motors wird das Wasser durch die zwar kleine, aber effektive Filterkammer gesaugt und wieder in das Aquarium zurückgedrückt. Diese Außenfilter werden nur mit grobem Schaumstoff bestückt, so daß der Wasserdurchfluß ungehindert ablaufen kann. Natürlich besteht auch die Möglichkeit, in diese Außenfilter kleine Mengen von Torf oder Aktivkohle zu geben. Auf diese Weise ist es möglich, z. B. mit dem Torf den pH-Wert des Wassers zu beeinflußen. Durch den Einsatz von Aktivkohle können etwaig eingesetzte Medikamente wieder herausgefiltert werden. Befinden sich Diskuslarven und sehr kleine Jungfische in diesem Aquarium, so ist der Ansaugstutzen mit einer Schaumstoffpatrone zu verschließen. So kann zwar noch Wasser, aber es können keine Jungfische angesaugt werden. Die Kombination eines etwas schneller fließenden Filtersystems mit einem langsam laufenden Schaumstoff-Filter erscheint mir eine gute Lösung zu sein.

Diskuszüchter schalten auch des öfteren ihre gesamten Zuchtaquarien hintereinander und versorgen sie über einen Zentralfilter. Der Zentralfilter ist ein Mehrkammerfilter mit Vorfilter und mehreren Filterkammern, die verschiedene Filtermedien enthalten. Diese Mehrkammerfilter werden entsprechend groß dimensioniert. Die Größe des Zentralfilters für die Zuchtaquarien sollte schon min-

*Einfach konstruierter biologischer Langsamfilter mit Beckenüberlauf.
1. Ansaugstutzen, 2. Überlauf,
3. Vorfilter aus Schaumstoff, 4. Lochsieb,
5. Filtersubstrat, 6. Pumpe, 7. Rücklauf.*

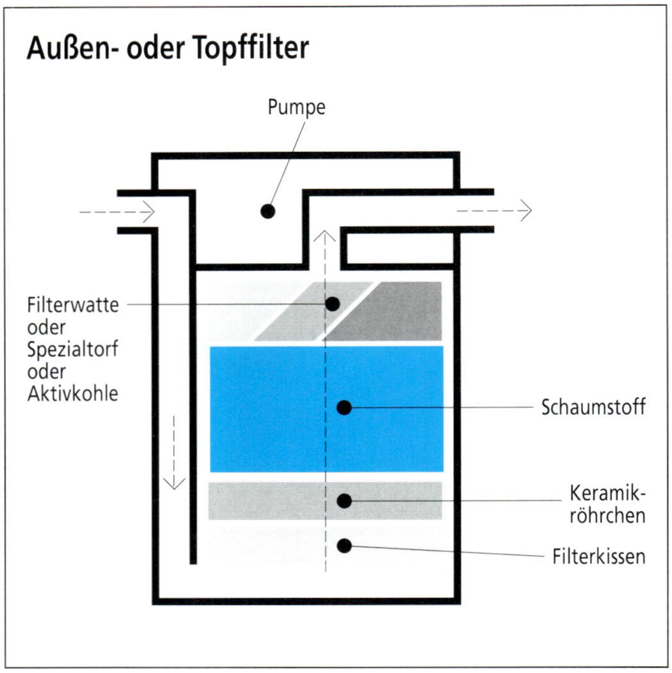

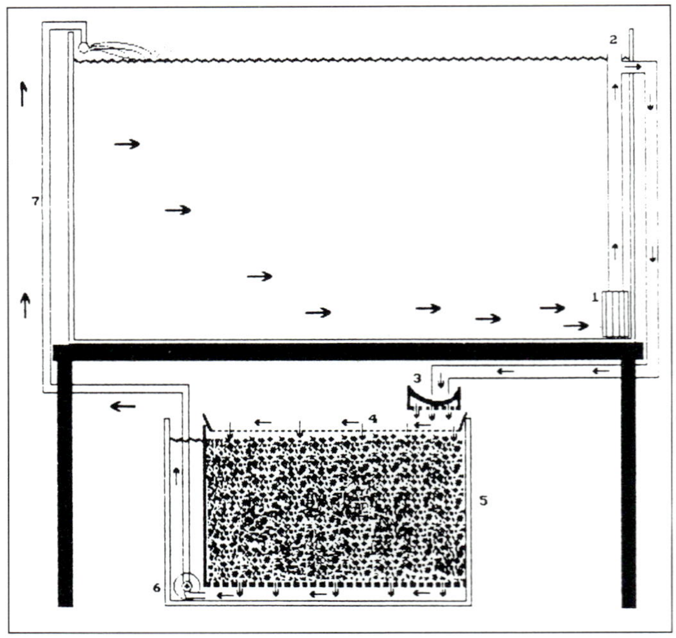

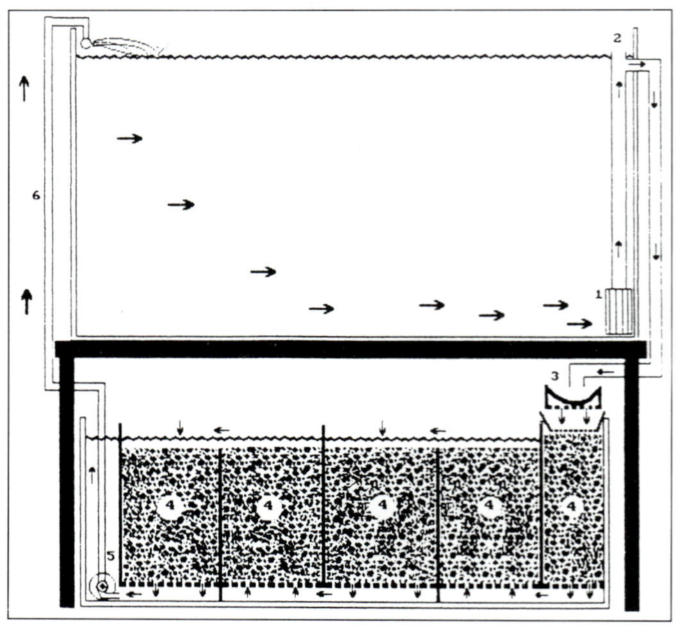

*Mehrkammerfilter mit Vorfilter und Belüftung.
1. Ansaugstutzen, 2. Überlauf, 3. Vorfilter aus Schaumstoff, 4. Filterkammern, 5. Pumpe, 6. Rücklauf.*

destens 20% der zu filternden Wassermenge betragen. Alle Zuchtaquarien werden über ein Rohrsystem mit diesem Filter verbunden. Die Rückwände der Zuchtaquarien werden angebohrt und ein Überlaufrohr wird angesetzt. Alle Überlaufrohre treffen sich dann in einem Fallrohr, welches zu dem Mehrkammerfilter geleitet wird. So kann das gesamte, anfallende Wasser aus den Zuchtaquarien in die Vorfilterkammer des großen Filters geleitet werden. Das zu filternde Wasser fließt nun durch mehrere Filterkammern und sammelt sich in einer Klarkammer. In dieser Klarkammer befindet sich eine leistungsstarke Pumpe, welche das gereinigte Wasser wieder nach oben über die Zuchtaquarien führt. Dort befindet sich wieder ein Rohrsystem, welches Abzweige in alle Zuchtaquarien besitzt. Diese Abzweige vom Hauptrohr werden mit einem Kugelhahn versehen. So ist es sehr einfach, die Wassermenge, die in das Zuchtaquarium zurücklaufen soll, entsprechend zu dosieren. Je nach Menge, die zurückläuft, wird über den Überlauf wieder zu reinigendes Wasser an das Fallrohr abgegeben. Somit ist der Kreislauf völlig geschlossen. Durch die hohe Wassertemperatur bei Zuchtaquarien ist aber zu berücksichtigen, daß regelmäßig sehr viel Wasser verdunstet. Eine ständige Kontrolle des Wasserstandes im Filter ist also notwendig.

Nachteil aller Zentralfilter ist die Problematik, die auftaucht, wenn eine Krankheit in einem Aquarium ausbricht. Somit ist es selbstverständlich, daß in solch geschlossene Aquariensysteme nur gesunde Fische eingesetzt werden dürfen. Eine Quarantäne von mindestens vier Wochen ist unbedingt zu beachten.
Größere Aufzucht- oder Hälterungsaquarien können ebenfalls zu einer Filteranlage mit Mehrkammerfilter zusammengeschaltet werden. Jedoch ist hier oft das Problem der erforderlichen Quarantäne und möglicher Krankheitsausbrüche zu berücksichtigen. Besser und vorteilhafter ist die individuelle Bestückung eines jeden Aufzucht- oder Hälterungsaquariums mit einem eigenem Filtersystem. Nicht übermäßig stark besetzte Aquarien können sehr gut mit einem Außen- oder Topffilter gereinigt werden. Auch der Einsatz eines Mehrkammerinnenfilters wäre hierfür denkbar. Sehr beliebt bei Diskusaquarianern sind zur Zeit aber die Rieselfilter. Diese Rieselfilter sind biologische Langsamfilter mit einem Aquarienüberlauf und funktionieren sehr wirksam. Allerdings funktioniert ein Biofilter besser bei höheren pH-Werten um den Neutralwert 7,0. Solche Biofilter dürfen keinesfalls mit zu feinem Filtermaterial bestückt werden, da sich dieses bei den langen Standzeiten sehr schnell zusetzt und es dann zu einer Wasserbelastung käme. Im Fachhandel ist spezielles Filtermaterial für Biofilter erhältlich.

Rieselfilter

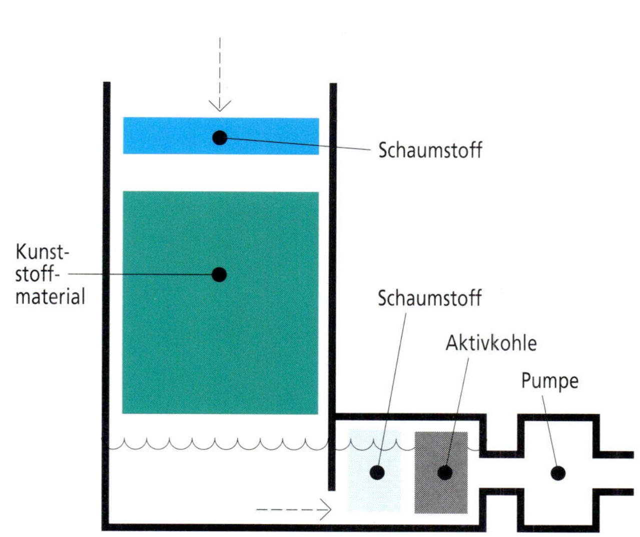

In großen Hälterungsanlagen für tropische Zierfische wird die Entwässerung der Aquarien über Kunststoffrohre vorgenommen. Die Filterung beschränkt sich oft auf einfache Schwammfilter. Häufiger Wasserwechsel ist die bessere Alternative, um die Fische gesund zu halten. Dicht besetzte Becken werden stärker belüftet.

Rottürkispaar
aus der Zucht Bernd Degens

Auswahl der Zuchttiere

Bei der Auswahl der Zuchtpaare ist auf gemeinsame Merkmale zu achten. Nur so können typische Merkmale gefestigt werden.

Die verschiedenen Diskusvariationen lassen sich untereinander kreuzen. Dies bedeutet, daß durch Kreuzen verschiedener Diskuslinien neue Linien mit bestimmten Merkmalen erscheinen. Durch Rückkreuzung mit Tieren der gleichen Linie kann Inzucht betrieben werden, bei welcher Merkmale, die gewünscht sind, gefestigt werden können. Ziel der Diskuszucht muß es sein, in Farbe und Form gefestigte Stämme zu besitzen, die über einen längeren Zeitraum die gewünschten Nachzuchten bringen. Ideal wäre es, wenn zwei ähnliche Tiere aus zwei verwandten Stämmen miteinander gekreuzt werden würden. Diese Linienzucht, bei der die Merkmale beider Stammeslinien erhalten blieben, wäre optimal. Bei der reinen Inzucht kann es immer wieder Rückschläge geben. Bei der Auswahl von ausgewachsenen Zuchttieren kann der Züchter leicht auf die Merkmale der Fische eingehen, da diese ja bereits ausgewachsen betrachtet werden können. Farbe, Beflossung, Körperform können begutachtet werden. Wer also die Mög-

lichkeit hat, sich je drei bis vier erwachsene Diskusfische von zwei verwandten oder ähnlichen Diskusstämmen zu kaufen, hat eine gute Möglichkeit, ein oder zwei gute Paare zusammenzustellen.
Bei der Auswahl der Tiere ist darauf zu achten, daß bei Diskusfischen aus einem Wurf schon eine Geschlechtsunterscheidung möglich ist. Die Weibchen sind gegenüber ihren Brüdern aus dem gleichen Wurf meist etwas kleiner und schwächer gebaut. Auch die Flossenspitzen lassen Rückschlüsse zu, denn die Männchen haben spitzer zulaufende Flossen, während die der Weibchen etwas runder im Abschluß sind. Ideal wäre es, wenn diese acht großen Diskusfische in einem größeren Aquarium die Möglichkeit hätten, sich paarweise zusammenzustellen. Dies erfordert auch etwas Geduld, denn die Fische tun einem nicht gleich den Gefallen. Natürlich müssen mindestens zwei Laichvasen angeboten werden. Die andere Möglichkeit ist es, sich mindestens zehn Jungfische aus einer Brut zu besorgen und mit einer zweiten, ähnlichen Jungfischmenge aus einer zweiten Linie großzuziehen. Daß dies natürlich zeitraubender ist, ist klar. Ein Diskus braucht etwa ein Jahr bis er zur Zucht reif ist. Aus einem Schwarm von zwanzig Jungfischen kann man dann schon nach einem halben Jahr die zehn, zwölf besten heraussuchen und weiter großziehen. Gut ist es, wenn sich die Paare selbst zusammenstellen, denn dann ist zu erwarten, daß sie sich auch während der Brutpflege vertragen. Die Möglichkeit besteht, ausgewachsene Diskusfische einfach paarweise in ein Aquarium zusammenzusetzen. Ob es gerade ein Paar ist, ist nicht einfach zu bestimmen. Vertragen sich die Tiere, könnte es geklappt haben. Dies bedeutet aber noch lange nicht, daß es auch ein Paar wird, das zusammen ablaicht. Bei Cichliden, und besonders dem Diskus, müssen die Tiere zueinander passen. Mit Zusammensperren ist da nichts erreicht.

Ich habe diese Versuche gemacht, teils unfreiwillig. Als ein Männchen eines guten Paares eingegangen war, bot ich dem guten Zuchtweib, das mehrmals Junge großgezogen hatte, hintereinander drei verschiedene Männchen an, doch keines wurde akzeptiert. Es kam mit diesen drei Männern zu keinem Gelege. Obwohl die Tiere sich vertrugen und immer mindestens zwei Monate zusammen waren, kam es zu keinerlei Laichvorbereitung. Gut pflegende Diskuspaare führen eine harmonische „Fischehe". Da Diskusfische nicht das ganze Jahr über ununterbrochen ablaichen, sollte der Züchter Geduld mit seinen Fischen haben, diese zusammenlassen und nicht gleich auseinanderreißen, wenn einmal ein paar Wochen kein Gelege kommt.

Diskuspaare sollen im Idealfall die Brut gemeinsam führen und pflegen. Die Fische wechseln sich beim Füttern der Jungen mit Hautsekret ab. Gelegentlich kommt es aber auch dazu, daß sich die Fische um die Jungen streiten. Dies ist ein schwieriges Problem für den Diskuszüchter, denn die ganze Brut kann dadurch in Gefahr geraten. Ein Tier herauszufangen kann helfen, kann aber genau das Gegenteil bewirken. Sind die Jungen erst einmal freigeschwommen, kann bei Streitigkeiten ein Fisch herausgefangen werden. Schwieriger ist es, wenn die Eltern um das Gelege streiten und die Eier fressen. Es gibt Diskusfische, die notorische Eierfresser sind. Das Eierfressen kann sich geben, aber meist sind diese Fische auf Dauer für eine erfolgreiche Zucht verloren.

Geschlechtsbestimmung beim Diskus

Sicherlich ein Thema, das nicht durch Patentrezepte zu lösen ist. Beim Diskus gibt es leider keine zuverlässigen Geschlechtsmerkmale. Nur beim eigentlichen Ablaichen kann aufgrund der Form der Laichpapille zuverlässig das Geschlecht bestimmt werden. Diskusmänner haben eine spitz zulaufende, kürzere Laichpapille, während die Weibchen eine gleichmäßig breite, weiter herausstehende Laichpapille haben.

Erfahrene Diskuszüchter können mit ziemlicher Sicherheit die Geschlechter ihrer Fische unterscheiden. Das Unterscheiden ist dann auch einfacher, wenn man Fische aus einem Wurf miteinander vergleichen kann. Bei gleichalten Tieren ist die Unterscheidung wesentlich einfacher. Beliebte Geschlechtsmerkmale, die aber nicht absolut zuverlässig sind, sind besonders die bullige Schädelpartie der Männchen. Haben die Fische eine kräftig ausgeprägte Kopfpartie, ja vielleicht sogar einen leichten Buckelkopf, werden sie meist den Männchen zugeordnet. Von vorne gesehen, haben Männchen eine breite, nach außen abgerundete Kopfpartie. Weibchen sind, von vorne gesehen, am Kopf etwas schmaler. Gerne werden auch wulstige Lippen den Männchen zugeordnet. Lang ausgezogene Ständer, die noch dazu gerade verlaufen, können auf Männchen hinweisen. Etwas sicherere Merkmale sind die Bauch- und Rückenflossenform. Die Weibchen haben an den Flossenenden einen runden Abschluß, während Männer spitzer zulaufende Flossen haben. Auch machen bei den Männchen die Flossen mehr einen Bogen nach oben, beziehungsweise bei den Bauchflossen nach unten. Die Breite der Schwanzflosse läßt auch Rückschlüsse auf das Geschlecht zu. Bei Männern ist sie breiter als bei Weibchen. Das Verhalten der Diskusfische im Aquarium kann auch Rückschlüsse auf das Geschlecht geben, jedoch ist es nicht so, daß das im Aquarium dominante Tier immer ein Mann sein muß. Auch Weibchen, die kleiner als die anwesenden Männer sind, beherrschen ein Diskusaquarium. Weibchen zeigen öfters die dunklen Senkrechtstreifen als die Männer. Gut ist es, die Fische längere Zeit zu betrachten und regelrecht zu studieren. Dann kann man eine Geschlechtsbestimmung aufgrund des Verhaltens, verbunden mit den äußerlichen Merkmalen, leichter vornehmen. So fällt eine Auswahl und Paarzusammenstellung leichter. Ob die Auswahl richtig war, zeigt sich dann am Verhalten dieser ausgewählten Fische. Handelt es sich um ein „Paar", wird man dies am Verhalten der Fische zueinander feststellen können. Jetzt lassen die Angriffe aufeinander merklich nach. Die Tiere lassen sich gegenseitig ruhig fressen, was ein sehr gutes Zeichen ist, und die Rammstöße werden immer weniger. Sicher wird ein dominantes Männchen sein Weibchen zur Eiablage auffordern. Dabei wird er auch etwas Gewalt anwenden.

Eines meiner Diskuspaare spielt mir dieses Verhalten immer wieder hervorragend vor. Es handelt sich um ein Paar, das schon viele Bruten erfolgreich aufgezogen hat, ein sehr gutes Pflegepaar. In den Zwischenzeiten bis zur Laichvorbereitung muß das Weibchen immer viel leiden. Er möchte schnellstens wieder ablaichen, sie kann aber noch nicht. Jetzt stößt er sie immer wieder an, zwingt sie immer wieder in eine Aquarienecke. Zum Fressen jedoch darf das Weibchen immer kommen und dann ungestört mitfressen. Da-

Durch konsequente Linienzucht gelingt es, Diskusfische mit gleichen Merkmalen zu züchten, die diese dann auch vererben. Durch eine Verpaarung mit einer gleichartigen Linie gelingt so die perfekte Linienzucht ohne Rückschläge, wie sie bei der Inzucht möglich sind.

nach jedoch muß sie wieder in ihre Ecke. Nach einigen Wochen jedoch, wenn sie wieder Laich angesetzt hat, ändert sich die Situation schlagartig. Sie beginnt plötzlich ein ebenbürtiger Partner zu werden. In voller Schönheit steht sie im Aquarium und läßt sich umwerben. Kein einziger Rammstoß mehr, nur noch liebevolles Umschwimmen durch das Männchen. Nicht lange dauert es, dann laichen die beiden ab und kümmern sich liebevoll und ausdauernd um Gelege und Larven.

Rottürkis-Männchen aus einer Nachzuchtkreuzung mit Wildfängen aus dem Rio Manacapuru. In der dritten Generation sind die roten Merkmale weitgehend gefestigt.

Dieses Rottürkis-Weibchen stammt ebenfalls aus der Linienzucht von Bernd Degen. Insgesamt werden 28 Aquarien alleine für diese beiden Zuchtlinien belegt. Nur so gelingt die strenge Auswahl.

Erfolgreiche Diskuszucht

Hat sich ein Paar gefunden, wird es auch ablaichen. Die Färbung der Tiere ändert sich in der Vorstufe des Ablaichens. Die Tiere werden dunkler, und zwar mehr im hinteren Körperbereich. Die letzten vier Senkrechtstreifen werden gut sichtbar, während die vertikale Streifung am Vorderkörper hell bleibt. Die Streifung auf dem Vorderkörper geht ganz zurück, nur der Streifen über dem Auge bleibt betont. Die Tiere stehen an der Laichvase und beginnen zu rütteln. Dieses Rütteln ist ein Zucken und Schütteln mit dem Kopf. Das Putzen beginnt als nächste Laichphase. Die Tiere saugen Schmutz von der Laichvase ab. Dabei stoßen sie richtig fest zu. Dieses heftige Putzen zeigt, daß ein Ablaichen unmittelbar bevorsteht. Beim Weibchen wird jetzt auch die Legeröhre sichtbar. Diese breite Legeröhre ist deutlich zu sehen, zumal sie etwa drei bis vier Millimeter lang ist. Das Begattungsorgan des Männchens ist kürzer und leicht angespitzt. Bald schon beginnt besonders das Weibchen mit einer Probe für die Eiablage. Sie nimmt Maß und schwimmt von unten nach oben den Laichkegel an. Jetzt läßt sich hoffentlich das Männchen nicht mehr ablenken und steht bereit, denn nach einigen Proben, das kann eine Stunde dauern, beginnt das Weibchen mit der Eiablage. Das Weibchen schwimmt von unten nach oben am Laichkegel hoch und legt in einer Reihe seine Eier ab. Jetzt wäre es günstig, wenn das Männchen sofort hinterher schwimmt und diese Eier befruchtet. Das Weibchen wird immer schneller und legt Eireihe neben Eireihe. Mittlere Gelege haben etwa 150 bis 200 Eier. Spitzengelege können bis zu 500 Eier haben. Ein Ablaichvorgang dauert etwa eine Stunde. Beobachten Sie hierbei die Tiere, können Sie sich ein gutes Bild über die Harmonie machen. Die Geschlechter sind leicht zu bestimmen, was vielleicht bei einem späteren Partnertausch von großem Nutzen sein kann. Nach der Eiablage stehen die Elterntiere vor den Eiern und befächeln diese mit den Brustflossen. Harmonierende Paare wechseln sich dabei schön ab. Sie können die Fische während dieser Phase ruhig füttern. Jedoch sollten Sie nicht zuviel Futter geben, damit das restliche Futter nicht das Wasser verderben kann. Die Fische fressen jetzt auch nicht ganz soviel als sonst. Sie aber während der ganzen Brutzeit ohne Futter zu lassen, wäre falsch.

Einwandfreie Diskuseier sind klar. Nach einer Zeit von etwa 60 Stunden schlüpfen die Larven. Diese Zeit kann reduziert werden, wenn das Wasser 30 bis 32 Grad C warm ist. Die ideale Zuchttemperatur liegt bei 29 bis 31 Grad C. Nach weiteren 50 bis 60 Stunden beginnen die zappelnden Larven freizuschwimmen. Wenn die Larven schlüpfen, werden sie von den Alttieren herausgesaugt und meist neben das Gelege umgebettet. Dort bleiben sie mit einem Haftfaden an dem neuen Platz hängen. Larven, die zu früh freischwimmen, werden von den Eltern wieder eingesammelt.

Dabei „fressen" die Eltern die Jungen scheinbar auf, schwimmen dann aber zur übrigen Brut mit dem Ausreißer und spucken ihn wieder hinein in die Geschwisterschar. Sobald die Jungen freischwimmen, ist es wichtig, daß sie die Elterntiere anschwimmen, denn nur dann gelingt die Zucht. Finden sie das Hautsekret der Eltern nicht, sondern schwimmen im Aquarium umher, gehen sie schnell ein. Die Ursache für dieses Fehlverhalten ist noch nicht bekannt. Die Jungfische brauchen in den ersten vier bis fünf Tagen

Voraussetzung für eine gelungene Diskuszucht ist ein harmonisierendes Pärchen. Hat sich dieses erst einmal gefunden, kommt es bald zur Eiablage, dann ist die Zucht schon fast gelungen.

nur das Hautsekret der Eltern zum Fressen. Erst nach dieser Zeit werden geschlüpfte Artemia-Nauplien dazugefüttert. Bald schon können Sie auf das Zusatzfutter in Form von Tabletten, „BabyFischMenue" oder Moina (Miniwasserflöhe) zurückgreifen. Füttern Sie aber noch einige Zeit Artemia mit. So werden die Jungfische nach vier Wochen eine Größe von einem Markstück erreicht haben. Dann können sie auch von den Eltern entfernt werden. Nach insgesamt sechs bis acht Wochen haben sie dann die Größe eines Fünfmarkstückes erreicht und können bereits verkauft werden.

Probleme und Schwierigkeiten bei der Zucht beseitigen

In diesem Kapitel sollen aus der Erfahrung heraus gute Tips gegeben werden, die eine Zucht erfolgreich machen können. Da ist zuerst ein Augenmerk auf das Zuchtaquarium zu werfen. Die ideale Stehhöhe für ein Diskuszuchtaquarium beginnt bei einem Meter, gemessen ab der Unterkante des Aquariums. So würde sich der obere Aquarienrand bei einem 50 cm hohen Aquarium in 1,50 m Höhe befinden. Ich gehe bei meinen Zuchtaquarien noch um 30 cm höher hinauf. Aus der Erfahrung ist zu sagen, daß sich die Tiere in dieser Höhe nicht so sehr erschrecken. Dies hängt mit dem Lichteinfallwinkel zusammen. Diskusfische, die in Aquarien, die in Beinhöhe stehen, gehalten werden, sind immer wesentlich scheuer. Ein Diskus, der sich erschreckt, wird natürlich nicht an Nachzucht denken. Manchmal erschrecken sich die Tiere in den sterilen Aquarien ohne Einrichtung so sehr, daß sie gegen die Scheiben rasen und sogar eingehen können. Auch bei Tieren ab drei Monaten ist dies zu beobachten. Der Diskus kennt seinen Pfleger und ist dessen ruhige Bewegungen vor dem Aquarium gewöhnt. Kommen Fremde vor das Aquarium, ist Ruhe das oberste Gebot. Gesunde Fische, die gut an Futter gehen, werden neugierig an die Scheiben kommen, wenn ein Besucher kommt. Beim Füttern fressen sie regelrecht aus der Hand. Eine weitere Rolle spielt das Licht. Da sich in einem Zuchtaquarium keine Pflanzen befinden, darf das Licht ruhig etwas schwächer sein, als bei einem bepflanzten Aquarium. Wählen Sie eine Warmton-Leuchtstoffröhre wie Gro-lux aus. Während die Fische Junge führen bzw. von der Eiablage an, sollten Sie ein kleines Licht über Nacht brennen lassen. Befestigen Sie über dem Aquarium eine Lampenfassung und nehmen Sie eine Sparlampe, denn das reicht völlig aus. Diskusfische schlafen regelrecht. Wenn Sie morgens das Licht einschalten, werden Sie merken, daß die Fische ruhig am Boden stehen. Jetzt sofort zu füttern würde bedeuten, daß die Fische nichts an Futter annehmen würden. Das Futter könnte das Wasser verderben. Warten Sie mindestens 15, besser 30 Minuten, bis Sie Ihre Fische füttern. Erst nach dieser Wartezeit sind die Fische aktiv und nehmen das Futter sofort gierig auf. Wenn die Tiere mit dem Ablaichen beginnen, und Sie dies beobachten, dann schalten Sie während des Ablaichens den Filter aus. Natürlich nicht länger als eine Stunde. Starke Strömung behindert die Tiere beim Laichen und kann trotz gegenteiliger Meinungen dazu führen, daß die Eier nicht richtig befruchtet werden. Der Diskus laicht in der Natur in stehenden Gewässern ab.

Ein weiterer wichtiger Gegenstand bei der Zucht ist der Laichtopf. Meist werden ja Tonvasen verwendet. Achten Sie beim Kauf auf hohe Vasen, Mindesthöhe 20, besser 25 cm. Wenn eine solche Vase übrigens wackelt oder der Boden nicht ganz glatt ist, dann sollten Sie sie mit Silikonkleber am Boden rundum einstreichen, auf ein Stück Zeitung stellen. Nach dem Trocknen können Sie die Zeitung mit Wasser entfernen. Der Boden ist jetzt weich und elastisch.

Weitere Hilfsmittel, um eine Diskuszucht etwas zu beschleunigen, sind einmal die Temperaturerhöhung um zwei Grad, ein kräftiger Wasserwechsel, wobei das Wasser, das hinzukommt, eine andere Temperatur haben sollte. Entweder zwei Grad kälter oder wärmer, denn das löst möglicherweise das Ablaichen aus. Auch die Veränderung des

Originalweibchen aus Alenquer von Dr. Schmidt-Focke. Hier mit Larven in der Zuchtanlage Bernd Degens. Das Weibchen vererbte interessante Rottöne an seine Jungen.

Als Wildfangdiskus war das Alenquer Weibchen geübt in der Pflege der Larven. Sie sammelte immer sehr eifrig ihre Larven ein. Hier verfolgt sie eine einzelne Larve, die sich aus dem Pulk der Larven entfernt hatte

Das Weibchen legt seine Eier ab und das perfekte Männchen gleitet anschließend über die abgelegten Eier, um diese zu befruchten. Diese Harmonie bürgt für eine erfolgreiche Zucht.

pH-Wertes um eine bis zwei Dezimalstellen hilft mit. Da viele Züchter mit der Verpilzung der Diskuseier zu kämpfen haben, aggressive Laichverpilzungsmittel aber den wichtigen Nährschleim der Elterntiere zerstören, muß hier anders vorgegangen werden. Zuerst einmal ist zu erklären, weshalb Diskuseier verpilzen können. Ein Grund wäre, daß das Männchen nicht befruchtet. Dies wird allerdings nur selten vorkommen. Ein anderer Grund wäre, daß der Samen nicht die Möglichkeit hatte, in das Ei einzudringen. Lassen Sie mich hier näher ausführen. Ich habe mich lange mit dem Symptom der Laichverpilzung befaßt. Die Profis unter den deutschen Fischzüchtern sind die Teichwirte.

Dieser Türkismann führt nur wenige Junge. Auf dieser Seite sind nur drei Larven zu sehen. Zu kleine Gelege können in der Jugend der Elterntiere, aber auch in der Wasserqualität begründet liegen.

Sie produzieren Millionen von Forellensetzlingen. Warum soll man dort nicht Rat einholen. Ich habe hier in einem staatlichen Betrieb ausführliche Studien machen können. Dort kennt man auch das Problem der Laichverpilzung. Man muß sich erst einmal etwas in die Arbeitsweise dieser Betriebe eindenken, um Verbindungen zur Zierfischzucht zu knüpfen. Dort werden Millionen von Eiern künstlich befruchtet, bei uns sollen ein- oder zweihundert Diskuseier hochgepäppelt werden. Den Forellenweibchen werden die Eier herausmassiert, ebenso den Männchen die Samenmilch. Die Forelleneier werden in Sieben von Schleimhäuten befreit und dann mit dem Samen vermischt. Dies nennt der Fachmann eine trockene Befruchtung. Die Eier von Fischen quellen in Wasser, dies hat zur Folge, daß sich die Eipforte nach etwa zwei Minuten schließt. Jetzt kann kein Samen mehr in das Ei eindringen. Das Ei ist unbefruchtet und verpilzt. Die Forelle laicht in der Natur in Laichgruben mit starker Unterströmung. Von tausenden von Eiern, die das Weibchen ablegt, kann das Männchen nur einige befruchten, da fast die ganze Samenflüssigkeit weggeschwemmt wird. Erst der Mensch hat hier die Natur überlistet.

Warum sollten wir das nicht auch versuchen, indem wir den Aquarienfilter während der Laichphase abschalten. So hat der Samen die größere Möglichkeit, viele Eier zu befruchten. Denken Sie daran, wenn das Weibchen eine Eikette ablegt, dann der Mann den Samen setzt, dieser aber weggeschwemmt wird, weil gerader der Filter da vorbeiströmt, jetzt vergehen zwei Minuten, bis das Männchen wieder kommt. Dies hat zur Folge, daß die Eipforte der ersten Eier bereits geschlossen ist, der Samen kann nicht mehr eindringen. Ich muß jetzt wieder auf Forelleneier zurückkommen. Diese haben eine Schlüpfzeit von mehreren Wochen, was nur von der Wassertemperatur abhängig ist. Je wärmer das Wasser, desto schneller entwickelt sich das Ei. So ist es auch beim Diskusei. Bei 28 Grad C brauchen die Eier eine Entwicklungszeit von etwa 65 Stunden. Bei 31 Grad C reduziert sich die Zeit auf etwa 55 Stunden. Ich habe Tests mit einer Wassertemperatur von 25 Grad C gemacht und festgestellt, daß hier die Eier eine Entwicklungszeit von 72 Stunden durchmachten. Ich konnte auch feststellen, daß Diskuseier bei hohen Temperaturen über 29 Grad C leichter verpilzen, als bei niedrigeren Temperaturen. Eigentlich logisch, denn bei höheren Temperaturen fühlen sich Schimmelpilze auch wohler und vermehren sich schneller. Da immer irgendwelche Schimmelpilze im Aquarium sein können, müssen diese abgetötet werden.

Der Forellenzüchter macht dies ganz einfach mit Malachitgrünoxalat, das er einmal wöchentlich zum Baden der befruchteten Eier verwendet. So werden die Forelleneier, die zum Beispiel eine Schlupfdauer von sechs Wochen haben, sechsmal während dieser Zeit in Malachitgrünoxalat gespült. Also bietet sich dies auch für unsere Diskuseier an. 1,5 g Malachitgrünoxalat in einem Liter Wasser lösen. Dabei mit Gummihandschuhen arbeiten. Verwenden Sie bei unserem Zuchtaquarium auf 10 Liter Aquarienwasser 5 Tropfen dieser Lösung. Anwendung unmittelbar nach Beendigung des Ablaichvorganges. Sind nach 12 bis 18 Stunden noch keine Eier oder nur ganz wenige verpilzt, dann ist diese Malachitgrünbehandlung beendet. Verpilzen doch mehrere Eier, dosieren Sie mit der Hälfte der Dosis nach. Diese Nachdosierung muß aber noch am Ende des ersten oder Beginn des zweiten Tages vorgenommen werden. Später darf kein Malachitgrün mehr in das Aquarium kommen, da Malachitgrün auch das Hautsekret schädigt. Falls Sie die Möglichkeit haben, filtern Sie das Malachitgrün über Kohle aus dem Aquarium heraus, sobald das Schlüpfen der Jungen bevorsteht.

Ein weiterer Grund, daß Diskuseier verpilzen, ist eine zu hohe Salzkonzentration im Wasser. Die Zellwand der Diskuseier ist mit der Lederhülle eines Fußballes zu vergleichen. Jedoch ist die Zellwand porös. Der Blase unseres Fußballes, die die Luft hält, entspricht einer an der Zellwand liegenden Membrane, ein dünnes Häutchen. Dieses Häutchen ist halbdurchlässig. Große Salzkonzentrationen können nicht durch die Membrane gelangen. Kleine Wassermoleküle können dagegen eindringen. Da die halbdurchlässige Wand die großen Salzmoleküle in der Zelle hindert, im Streben nach Konzentrationsausgleich das Zellinnere zu verlassen, drängen aber Wassermoleküle von außen in das Zellinnere, um die Stoffkonzentration der Zelle herabzusetzen.

Dieser Vorgang erfolgt solange, bis der in der Zelle entstehende Druck dem weiteren Eindringen von Wassermolekülen entgegenwirkt. Diesen Druck bezeichnet man als osmotischen Druck. Wenn in der Umgebung einer Eizelle viele gelöste Salze vorkommen, also in unserem falschen Zuchtwasser, dann wird dem Konzentrationsausgleich außerhalb der Zelle durch Heraussaugen von Wasser aus der Eizelle begegnet. Die Eizelle schrumpft und ist nicht mehr vermehrungsfähig. Dies kann sich auch optisch so auswirken, daß am Laichtopf klare Eier hängen, die sich aber nicht weiterentwickeln. Andererseits verpilzen diese Eier auch nicht immer. Sie sind durch ein zu salzhaltiges Wasser defekt geworden. Abhilfe schafft nur eine Verwendung von teil- oder vollentsalztem Wasser. Inzwischen kommen auch verstärkt kleine Umkehrosmoseanlagen auf den Markt. Ab etwa 500.- DM beginnt hier der Einstieg. Durch Umkehrosmose wird dem Wasser der Salzgehalt fast völlig entzogen, außerdem ist das Wasser keimfrei! Die für Aquarianer interessante Umkehrosmose wurde im Diskusjahrbuch 87/88 sehr ausführlich beschrieben. Dieses Heft ist sicher noch vom Verlag nachzubeziehen.

Herrliches Rottürkisweibchen, das bereits im Alter von zehn Monaten sehr erfolgreich Jungtiere aufzog. Auffallend ist die geradlinige und breite Zeichnung der rotbraunen Streifung.

Aufzucht der Jungfische

Diskusfische zu züchten, ist nicht das absolute Problem. Oft hilft sich die Natur hier von selbst, es kommt zur Eiablage und bei guten Paaren zu unproblematischer Aufzucht. Nach drei bis vier Wochen haben die kleinen Diskusfische eine Größe von etwa 2 cm erreicht und müssen von den Eltern abgesetzt werden. Jetzt beginnt das eigentliche Problem der Diskuszucht, nämlich die erfolgreiche Aufzucht der Jungfische. Dies ist schwieriger als man sich vorstellt. Ein Aquarium mit freßwütigen, kleinen Diskusfischen ist schwierig in der Pflege. Ständig muß das Wasser überwacht werden. Ein regelmäßiger Wasserwechsel, und das bedeutet nicht einmal in der Woche, sondern täglich, ist anzustreben. Diskusjungfische in diesem Wachstumsstadium müssen mehrmals täglich gefüttert werden. Hochwertiges Aufzuchtfutter ist Vorausbedingung. Eine ausgewogene Kombination verschiedener Futtermittel ist wohl das Beste. Wichtig, und das kann gar nicht oft genug betont werden, ist der regelmäßige Teilwasserwechsel. Durch den Wasserwechsel werden Schadstoffe, Futterreste, Ausscheidungen der Fische usw. zuverlässig entfernt. In den Hochburgen der Massen-Diskuszucht Südostasiens werden täglich in den Aufzucht- und Zuchtaquarien 70 bis 80 % des Wassers ausgewechselt. Da dies allerdings für uns ein Energieproblem darstellen würde, empfiehlt es sich, täglich etwa 10 bis 20 % des Aquarienwassers bei den Jungfischen auszutauschen. Das Aufzuchtwasser muß auch nicht enthärtet werden. Ohne weiteres kann hier mittelhartes Wasser verwendet werden. Auch der pH-Wert darf ruhig in den Neutralbereich ansteigen. Viele Diskuszüchter behaupten sogar, daß ihre Jungfische in mittelhartem Wasser viel besser wachsen als in weichem

Gesunde Jungfische stürzen sich gierig auf jedes Futter. Hier das ausgewogene uns mit Vitaminen angereicherte „BabyFischMenue", welches der Autor entwickelte.

Wasser. Dies kann ich auch bestätigen, denn ich glaube, daß ein höherer Mineralstoffgehalt des Wassers sich positiv auf das Wachstum der Fische auswirkt. Es ist auch unnötig, Diskusjungfische bei Temperaturen von 30 Grad heranzuziehen. Für Aufzuchtzwecke reichen 27 bis 28 Grad völlig aus.

Fische nehmen nicht nur durch die Nahrung, sondern auch direkt durch den Kontakt mit dem Medium Wasser Mineralstoffe, Spurenelemente und Vitamine auf. Diese Stoffe sind für ein gutes Wachstum von großer Bedeutung. In jedem Falle sollen die dargereichten Futtersorten zusätzliche Spurenelemente und Vitamine enthalten. Präparate mit Vitamin- und Mineralstoffmischungen erhalten Sie in Ihrem Fachhandel. Bei selbst hergestellten Futtermischungen sollten Sie in jedem Falle ausreichende Mineralstoff- und Vitaminversorgung durch Zugabe solcher Präparate erzielen. Eine Überdosierung ist kaum möglich.

Bei der gekonnten Diskusaufzucht ist große Aufmerksamkeit auf einen gleichmäßigen Körperwuchs der Jungfische zu legen. Fressen die Jungfische nur einige Tage nicht richtig, ist dies in der Körperform zu erkennen.

Herrliches F2-Männchen aus der Linienzucht Bernd Degens. Merkmale dieser Diskusfische sind die unterbrochenen rotgründigen Linierungen und die sehr ausgeprägte Körperform.

Aufbau eines Zuchtstammes

Diskuszucht in kleinem Rahmen zu betreiben, ist nicht besonders schwierig und wirft auch keine großen Vererbungsprobleme auf. Anders ist es da schon, wenn Sie beabsichtigen, einen Diskusstamm reinerbig weiterzuzüchten. Heute gibt es so viele verschiedene Farbnuancen der Diskusfische, daß man sich kaum noch mit den Namen zurechtfindet. Da sich Diskusfische prinzipiell alle untereinander kreuzen lassen, entsteht oft ein Farbschlag, der ganz interessant, aber nicht reinerbig ist. Wollen Sie sich dies zur Aufgabe machen, einen solchen Farbschlag in guter Qualität weiterzuzüchten, so müssen Sie bereit sein, einen erheblichen Aufwand zu treiben. Aufwand besonders deshalb, weil hier sehr viel Platz nötig ist. Nur mit ein, zwei Aquarien kann eine Diskuszucht, die bestimmte Ziele verfolgt, nicht aufgebaut werden.

Bei der Zucht von Diskusfischen muß zwischen Linienzucht und Inzucht unterschieden werden. Durch die Linienzucht soll die Reinerbigkeit der vorhandenen Stämme ge-

Zuchtpaare haben durch das feine Kunststoffnetz zwar Sichtkontakt, können sich aber nicht direkt stören. Die feinen Trennwände verhindern ein Durchschwimmen der Larven. So schwimmen vier Paare in einem Zweimeter-Aquarium.

Dieses junge Rottürkispärchen hält seine Brut gut zusammen. Bei Gefahr schwimmen die Jungfische nahe zu den Alttieren. Allerdings suchen die Jungen schon allerlei Zusatzfutter im Aquarium. Es ist Zeit Artemianauplien in großen Mengen zuzufüttern.

Durch Zuchtauswahl können Merkmale, wie enorme Körpergröße, herausgezüchtet werden. Durch Rückkreuzungen werden diese Merkmale stabilisiert. Festigung durch Inzucht ist möglich. Eine anschließende Umstellung auf Linienzucht sorgt dann für gute Dauerergebnisse.

festigt werden. Dabei wird besonders auf erwünschte Merkmale wie Farbe, Körpergröße oder Verhalten geachtet. Diese Merkmale sind Zuchtziele. Bei der Linienzucht werden zwei nicht miteinander verwandte Diskuslinien gezüchtet. Beide Linien sollten in etwa gleiche Merkmale besitzen. Paarungen werden ausschließlich mit Tieren von beiden Linien vorgenommen. Dies bedeutet, daß immer ein Elterntier aus der ersten Zuchtlinie und das zweite Elterntier aus der zweiten Zuchtlinie stammt. So kann es nicht zu Inzuchtschäden kommen.

Allerdings erfordert die konsequente Linienzucht bei Diskusfischen sehr viel Platz. Stellen Sie sich einmal vor, daß die Elterntiere etwa 100 Jungfische absetzen. Diese 100 Jungfische müssen zu einer Mindestgröße von 6 bis 8 cm aufgezogen werden. Denn jetzt erst können aus diesen Jungfischen etwa 50% heraussortiert werden, die ihren Anforderungen entsprechen. Diese 50 Jungfische sind dann allerdings zu einer Mindestgröße von 12 cm heranzuziehen. Erst jetzt sind die Farbansätze optimal zu erkennen. Auch können nun bereits die Körperform und sonstige erwünschte Merkmale festgelegt werden. Bedenken Sie, wieviel Platz aber 50 Diskusfische in einer Größe von etwa 12 cm benötigen. Werden die Fische auf zu engem Raum gehalten, dann wachsen sie nicht gut. Parallel hierzu müssen aber weitere 50 Diskusfische aus der zweiten Zuchtlinie aufgezogen werden. In der Größe von 12 cm und einem Alter von etwa acht bis zehn Monaten können jetzt nochmals etwa die Hälfte oder zwei Drittel dieser Fische aussortiert werden. Die restlichen Diskusfische aus jeder Linie werden zur vollen Größe aufgezogen, um später Zuchtpaare zu bilden. Somit ist es also erforderlich, aus jeder Linie mindestens 15 bis 20 Tiere aufzuziehen. Dies erfordert viel Platz, Fingerspitzengefühl und Ausdauer. Jetzt erst ist es möglich, aus diesen 30 bis 40 großen Tieren einen Zuchtstamm für die Zukunft auszusortieren. Der Züchter kennt seine Tiere, die er großgezogen hat, sehr gut. So gelingt es ihm doch mit ziemlicher Sicherheit, Weibchen und Männchen voneinander zu unterscheiden und Paare zusammenzustellen. Die so verpaarten Diskusfische aus zwei Zuchtlinien werden Jungfische hervorbringen, die annähernd stabile Merkmale vererbt bekamen.

Über mehrere Generationen können durch weitere Farbauswahl die Farben intensiviert und stabilisiert werden. Ein so aufgebauter und konsequent verfolgter Diskuszuchtstamm wird von Jahr zu Jahr bessere Tiere hervorbringen.

Eine weitere Möglichkeit der Diskuszucht bietet die Inzucht. Hier werden Rückkreuzungen mit Geschwistern bzw. den Eltern vorgenommen. Dies bedeutet, daß z. B. Diskusfische aus der F1-Generation wieder mit ihren Eltern rückgekreuzt werden. So läßt sich innerhalb kürzester Zeit ein gutes Ergebnis erzielen. Allerdings kommt es meist nach vier bis fünf Rückkreuzungen zu Rückschlägen, was die Farbe und Qualität betrifft. Die Inzucht von Diskusfischen ist also eine Möglichkeit, schnell bestimmte Merkmale zu festigen, jedoch empfiehlt es sich dann, auf die Linienzucht umzuschwenken.

Immer wieder treten bei Diskusfischen Kreuzungsvarianten mit interessanten Farmustern oder Zeichnungen auf. So auch bei diesem Diskus, welcher einen hohen Rotanteil aufweist.

Ein Diskusschauaquarium

Die Einrichtung eines schön bepflanzten Aquariums, in welchem ein Schwarm Diskusfische schwimmt, muß nicht der unerfüllbare Wunschtraum eines Aquarianers bleiben. Oft werden Diskusfische in sterilen Glasaquarien gehältert oder zur Zucht angesetzt. Dies hat ihnen den Ruf eingebracht, daß sie sehr empfindliche Fische seien, die ständig unter Kontrolle stehen müssen. Diese Kontrolle und der regelmäßige Wasserwechsel haben wohl dazu geführt, daß Diskusfische so beim Profizüchter gehältert werden. Wer jedoch Diskusfische in erster Linie pflegen und nicht züchten möchte, dem sei angeraten, einmal ein entsprechend großes Aquarium komplett einzurichten und darin seine Diskusfische schwimmen zu lassen. Schnell wird er erkennen, daß ein eingerichtetes Diskusschauaquarium auch nicht viel mehr Arbeit macht, als ein steriles Hälterungsaquarium.

Für ein Diskusschauaquarium ist ein Aquarium mit entsprechender Größe vorzuziehen. Sicherlich ist es unsinnig, ein solches Vorhaben mit einem 80 cm langen Aquarium zu beginnen. Eine Mindestlänge von 1,20 m, einer Höhe von 50 cm und einer gleichen Tiefe stellen wohl das Mindestmaß dar. Besonders die Mindesttiefe von 50 cm ist dringend zu empfehlen. Nach oben sind natürlich keine Grenzen gesetzt, und so wäre das absolute Top-Diskusaquarium ein Aquarium mit den Maßen 2 m lang, 60 cm hoch und 60 cm tief.

Die Rück- und Seitenwände dieses Aquariums sind selbstverständlich zu verkleiden. Im Fachhandel sind verschiedene Rückwandfolien erhältlich, die durchaus ein schönes Bild erzeugen. Eine andere Mög-

Diskusfische laichen auch in eingerichteten Schauaquarien immer wieder ab. Die Aufzucht gelingt dann zwar nicht immer erfolgreich. Oft fressen andere Fische die Larven auf. Interessant ist die Zucht im Pflanzenaquarium auf jeden Fall, wirkt sie doch so natürlich.

lichkeit ist es, das Aquarium von außen mit wasserfester Farbe zu streichen. Bewährt hat sich hierfür Kunstharzlack. Wählen Sie allerdings nicht eine dunkle, sondern eher eine helle Farbe. Aus Erfahrung kann gesagt werden, daß ein helles Grün oder ein helles Braun optimal sind. In Aquarien mit solchen Hintergrundfarben zeigen die Diskusfische keinerlei Schreckreaktion. Die Verkleidung von Rück- und Seitenwänden kann auch von innen mit entsprechendem Dekorationsmaterial erfolgen. So könnten bei kleineren Aquarien durchaus Schieferplatten in den Hintergrund geschichtet oder Korkplatten geklebt werden. Allerdings müssen Dekorationsmaterialien, die in das Aquarium eingebracht werden, auf ihre Verträglichkeit für die Fische geprüft werden.
Ein weiterer wichtiger Faktor für das Wohlbefinden der Diskusfische ist der richtige Bodengrund für das Aquarium. Gut geeignet ist sicherlich eine etwa 5 cm hohe Schicht aus Sand. Auch feiner, runder Kies kann Verwendung finden. Allerdings darf die Korngröße nicht über 3 bis 4 mm liegen. Der Diskusfisch ist ein Bodenfresser und bei zu grobem Kies würde sehr viel Nahrung im Boden verschwinden. So käme es sehr schnell zu Fäulnisbildung.

Diskusfische mögen am liebsten einen Sandboden, da sie in diesen hineinblasen können, um Futter zu suchen. Beobachten Sie einmal, wie Diskusfische über den Boden gleiten, den Kopf nach unten neigen und vorsichtig in den Sand blasen. Haben Sie auf diese Art und Weise Futter aufgewirbelt, können sie es schnell packen und fressen. Scharfkantige oder spitze Kieselsteine sind als Bodengrund völlig ungeeignet. Die Fische könnten sich hier leicht verletzen. Auch das sehr beliebte Lavagestein ist wegen seiner scharfen Kanten nicht für Diskusfische geeignet.

Der Bodengrund ist vor dem Einbringen in das Aquarium sehr gründlich zu reinigen. Am besten geschieht dies mit lauwarmem Wasser. Der gereinigte Bodengrund wird in das Aquarium geschüttet und gleichmäßig auf dem Boden verteilt. Jetzt sind die Dekorationsstücke, wie Steine oder Wurzeln zu plazieren. Keinesfalls dürfen Wurzeln zur Verwendung kommen, die im Wasser zu modern beginnen. Im Handel gibt es spezielles Steinholz oder Savannenwurzeln, die für Aquarien besonders geeignet sind. In ein Diskusschauaquarium sind nur wenige ausgesuchte Steine einzubringen. Diese dürfen nicht scharfkantig sein. Außerdem sollen sie keinen Härtebildner an das Wasser abgeben. Aus diesem Grunde wären z. B. Kalksandsteine nicht geeignet, da sie das Wasser aufhärten.

Jetzt können auch die ersten Wasserpflanzen in den Bodengrund gesetzt werden. Bei der Pflanzenauswahl für ein Diskusaquarium ist unbedingt darauf zu achten, daß die Pflanzen die erhöhten Temperaturen in einem Diskusaquarium gut vertragen. Um das Aquarium auch möglichst stilecht zu bepflanzen, empfiehlt es sich, nur Wasserpflanzen aus Südamerika zu verwenden. Sehr geeignet sind deshalb die Schwertpflanzen der Familie „Echinodorus", von denen viele in Südamerika beheimatet sind. Ein Diskusaquarium muß nicht unbedingt mit Pflanzen überfüllt werden, denn die Diskusfische benötigen ausreichend Schwimmraum. Auch gewöhnen sich Diskusfische an, hinter einem dichten Pflanzengewirr zu stehen und

Beim Einrichten eines Diskusaquariums können Pflanzen gleich auf Wurzelstöcke aufgesetzt werden. Entweder werden die Wurzeln in Ritzen gesteckt oder mit feinem Faden befestigt. So entsteht schnell eine reizvolle Unterwasserlandschaft, in welcher sich Disklusfische wohlfühlen.

sich dort zu verstecken. So hat der Betrachter nur wenig von diesen schönen Fischen. Besser ist es also, einige kräftige Solitärpflanzen auszuwählen und punktartig zu pflanzen. Im Vordergrund können kleinbleibende Echinodorus-Zwergschwertpflanzen eingesetzt werden. Die am meisten geeignete Zwergschwertpflanze ist wohl Echinodorus tenellus. Diese grasartige, zarte Schwertpflanze ist die ideale Vordergrundpflanze. Für den mittleren Aquarienbereich empfiehlt sich Echinodorus parviflorus, die bisher unter dem Namen E. peruensis, Schwarze Amazonas-Schwertpflanze, bekannt war. Eine wertvolle Neuheit für den mittleren Aquarienbereich ist auch eine Unterart von Echinodorus parviflorus, nämlich Echinodorus parviflorus „Tropica". Sie wird nur 10 bis 15 cm hoch und ist eine kompakte Rosettenpflanze. Hochwachsende Echinodorus-Arten, die als Einzelpflanze in größeren Aquarien besonders attraktiv sind, wären z. B. Echinodorus muricatus, der spitzblättrige Froschlöffel, oder Echinodorus bleheri (früher E. paniculatus), die große Amazonas Schwertpflanze, und Echinodorus cordifolius, der große Froschlöffel. Diese drei genannten großen Froschlöffel-Arten sind typische Solitärpflanzen. Sie sind anspruchslos und gut zu pflegen. Es ist also durchaus leicht, aus der großen Familie der Amazonas-Schwertpflanzen die passenden Pflanzen für das Diskusschauaquarium auszuwählen.

Oft wird auch der Einsatz von Pflanzendünger empfohlen. Jedoch muß der Diskusliebhaber hier etwas vorsichtig sein, denn Pflanzendünger in größerer Menge könnte durchaus Probleme beim Diskusfisch erzeugen. Es ist deshalb anzuraten, vorläufig auf einen Pflanzendünger zu verzichten und erst einmal abzuwarten, wie die Pflanzen anwachsen. Günstiger erscheint beim Diskusaquarium noch der Einsatz einer CO_2-Düngung. Wenn Sie Wert auf hervorragend wachsende Wasserpflanzen legen, dann müssen Sie eine CO_2-Kohlendioxid-Düngung in das Aquarium einbauen. Im Fachhandel sind verschiedene Komplettsysteme erhältlich. Daß beim Einsatz einer CO_2-Düngung auch der pH-Wert des Aquarienwassers regelmäßig zu kontrollieren ist, versteht sich fast von selbst. Sehr weiches Aquarienwasser unterliegt großen pH-Wert Schwankungen. Diskusfische vertragen aber diese Schwankungen nicht besonders gut. Keinesfalls darf der pH-Wert im Aquarium deutlich unter einen Wert von 4,5 fallen. Gerade ein plötzliches Absinken des pH-Wertes in kürzerer Zeit kann katastrophale Folgen haben. Die Diskusfische zeigen Schleimhautverletzungen bzw. bekommen weißliche Beläge auf den Augen. Ist ein solches Auge erst einmal geschädigt, bleibt dieser Schaden auf Dauer sichtbar und mindert den Wert dieses Fisches.

Durch den vorhandenen Bodengrund und die Wasserpflanzen wird sich der pH-Wert des Aquariums ziemlich stabil verhalten. Die Härte des Aquarienwassers spielt für ein Schauaquarium auch eine untergeordnete Rolle. Im Vordergrund steht ja die erfolgreiche Hälterung und nicht die erfolgreiche Diskuszucht. Deshalb kann dieses Wasser durchaus mittelhart sein, was auch wieder

Hier hat ein Diskuspärchen seine Eier mitten ins Pflanzengewirr abgesetzt. Beide bewachen das Gelege aufopfernd. Bei stabilen Wasserverhältnissen werden hier schon bald Diskuslarven schwimmen. Mit etwas Glück kommen auch einige durch.

Herrliches Diskusmännchen, in welchem noch viel Wildfangblut steckt. Die Zeichnung erinnert stark an blaugründige Heckel-Diskus.

eine größere Stabilität des pH-Wertes mit sich bringt. Überhaupt ist der pH-Wert des Wassers für das Wohlbefinden der Diskusfische von größerer Bedeutung als die Wasserhärte. Da mit zunehmender Wasserhärte auch der osmotische Druck des Wassers steigt, können Diskuseier nur bedingt in diesem Wasser überleben. Dennoch kommt es immer wieder zu guten Zuchterfolgen in eingerichteten Schauaquarien mit mittelhartem Wasser. Wahrscheinlich wirkt sich hier die biologische Stabilität des Aquariensystems positiv auf die Eientwicklung aus.

Geheizt wird dieses Aquarium mit stabilen Regelheizern oder mit einem Filtersystem, in welches die Heizung gleich eingebaut ist.

Daß Diskusfische im Halbdunkel gehalten werden müssen, ist ein altes Märchen, das sich aber sehr gut in der Literatur hält. Ein Aquarium, das mit Diskusfischen besetzt ist, kann ohne weiteres völlig normal beleuchtet werden. Befinden sich in einem Schauaquarium Wasserpflanzen, so ist es ohnehin nötig, das Aquarium ausreichend zu beleuchten. Selbstverständlich ist es aber nicht nötig, die Beleuchtung extrem zu dimensionieren. Für ein Aquarium mit 50 cm Tiefe reichen zwei nebeneinander liegende Neonröhren aus. Bei einem 60 cm Aquarium kann eine dritte Neonröhre zugeschaltet werden. Warmtonröhren bekommen bei der Auswahl den Vorzug. Die Lichtfarbe hängt etwas vom Geschmack des Aquarienbesitzers ab. Bevorzugen Sie mehr ein gedämpftes Licht, welches die Farbe der Fische ins Rötliche betont, sollten Sie die bekannten Gro-Lux-Röhren einsetzen. Bevorzugen Sie aber mehr natürliches Licht, das unter Umständen etwas kälter wirken kann, dann empfiehlt sich der Einsatz von warmweißen Farbtönen bzw. Spezialröhren, die von verschiedenen Firmen im Zoohandel angeboten werden. Sicher kann Ihnen hier auch Ihr Zoofachhändler bei der Auswahl der entsprechenden Röhre weiterhelfen, da in seinem Geschäft Musteraquarien besichtigt werden können. Die tägliche Beleuchtungsdauer beträgt 12 bis 14 Stunden und ist über Zeitschaltuhren zu regeln. In jedem Falle ist die Einschaltzeit der Beleuchtung so zu wählen, daß das Licht bereits eine halbe Stunde vor dem ersten Fütterungstermin einschaltet. So können sich die Fische auf den neuen Tag einstellen und sind bei der ersten Futtergabe auch schon entsprechend aktiv.

Befindet sich das Aquarium in einem Wohnraum, so erhält es auch eine entsprechende Menge Tageslicht. Dies kann bedeuten, daß die Aquarienbeleuchtung erst im Verlaufe des Tages eingeschaltet werden muß und dafür am Abend länger brennen kann. Aquarien, die in Wohnräumen stehen, sind aber nicht der direkten Sonneneinstrahlung auszusetzen, da sie sonst sehr stark veralgen und es zu großen Problemen kommt. Algenprobleme treten bei künstlicher Beleuchtung kaum auf.

Diskusschauaquarien können auch oben offen sein. Dann ergibt sich die Möglichkeit, daß große Amazonas-Schwertpflanzen, wie die Froschlöffel, aus dem Aquarium herauswachsen und sogar beginnen zu blühen. Der Nachteil des oben offenen Diskusaquariums ist aber die große Wasserverdunstung. Denn auch im Diskusschauaquarium ist eine Mindesttemperatur von 27 Grad C einzuhalten. Besser wäre sogar eine Temperatur von 28 Grad C. Bei dieser hohen Wassertemperatur verdunstet eine große Menge von Aquarienwasser. So ist unter Umständen mehrmals wöchentlich der Wasserstand zu ergänzen. Ein weiterer Nachteil der Wasserergänzung ist aber auch die Anreicherung mit zusätzlichen Mineralstoffen. Das Wasser, das zum Auffüllen verwendet wird, reichert das Aquarium immer stärker mit Mineralsalzen an. Für größere offene Aquarien empfiehlt es sich schon, eine kleine Vollentsalzungsanlage oder ein Umkehrosmosegerät zu benutzen. So können Sie selbst die erforderliche Menge an entsalztem Frischwasser herstellen, welches Sie dann zum Auffüllen verwenden. Da dieses entsalzte Wasser kaum noch Mineralstoffe enthält, steigt der Mineralstoffgehalt des Aquariums nicht mehr so stark an.

Diskusfische fühlen sich besonders wohl und wachsen auch besser, wenn wenigstens einmal in der Woche ein Teilwasserwechsel durchgeführt wird. Bei einem Schauaquarium ist der Teilwasserwechsel unter Umständen etwas problematischer, da sich das Aquarium ja im Wohnzimmer befindet, aber dennoch sollten Sie nicht darauf verzichten und sich angewöhnen, einmal in der Woche etwa 10 bis 20% des Aquarienwassers auszutauschen. Futterreste, die am Boden liegenbleiben, sind für die Wasserqualität eines Aquariums problematisch. Besonders in kleineren Schauaquarien muß darauf geachtet werden, daß diese Futterreste unbedingt abzusaugen sind.

Beim Besatz des Aquariums zeigt sich in der Beschränkung der wahre Meister und Könner. Im Aquarium läuft ein begrenzter, biologischer Kreislauf ab, der durch Überbesetzung mit Fischen empfindlich gestört werden kann. Da es sich um ein Diskusschauaquarium handelt, steht die Besetzung mit

Auch eine gute Idee, einmal ein Aquarium oben offen zu lassen und die Pflanzen in den Mittelpunkt zu stellen. Dieses Aquarium fiel mir im Aquarama in der Schweiz auf.

schönen Diskusfischen natürlich im Vordergrund. Für einen ausgewachsenen Diskusfisch sind mindestens 50 Liter Aquarieninhalt als Maß anzusehen. Ein 300 Liter Aquarium könnte also mit sechs Diskusfischen besetzt werden. Kleine Diskusfische eignen sich für einen Besatz im Diskusschauaquarium nicht. Diese kleinen Diskusfische erfolgreich großzuziehen, erfordert hohe Aufmerksamkeit, eine regelmäßige, mehrmalige Fütterung und mehrere Teilwasserwechsel pro Woche. Somit empfiehlt sich also die Anschaffung von mindestens halbwüchsigen Diskusfischen oder einjährigen bzw. ausgewachsenen Tieren.

Bevor neue Fische in ein bereits bestehendes Aquarium eingesetzt werden, müssen diese eine ausreichende Quarantänezeit durchlaufen. Bei Diskusfischen bedeutet dies mindestens zwei bis vier Wochen Quarantäne, um festzustellen, daß diese Fische gesund sind. Danach dürfen sie erst in das Schauaquarium eingesetzt werden. Überhaupt empfiehlt es sich, möglichst wenig neue Fische in das Aquarium einzusetzen. Besser ist es, am Anfang den Besatz festzulegen und diese Fische gemeinsam innerhalb eines kürzeren Zeitraums einzusetzen.

Welche Fische sich als Partnerfische für Diskusfische eignen, ist nicht pauschal zu beantworten. Der Diskus muß im Schauaquarium dominant bleiben, deshalb dürfen keinesfalls aktive, größere Fische mit ihm vergesellschaftet werden. Nicht geeignet sind Skalare, da sie den Diskus am Futterplatz verdrängen. Bei der Auswahl der Beifische ist auch darauf zu achten, daß diese aus Südamerika stammen, also in etwa dem gleichen Biotop wie der Diskusfisch vorkommen. Friedliche südamerikanische Salmler können in Schwärmen mit Diskusfischen vergesellschaftet werden. Es ergibt ein schönes Bild in einem Schauaquarium, wenn ein Schwarm Roter Neon seine Kreise zieht. Auch Rotkopfsalmler, Schwarze Neons, einfache Neonsalmler oder Kirschflecksalmler bilden in Schwärmen gehalten schöne Kontrastpunkte.

Als Bodenfische und Saubermänner für das Schauaquarium sind friedliche Welse geeignet. An erster Stelle soll hier Sturisoma genannt werden. Sturisoma panamense und Sturisoma aureum sind ideale Beifische für ein Diskusschauaquarium, aber auch für Hälterungsaquarien ohne Einrichtung. Diese grazil aussehenden Welse mit ihren lang ausgezogenen Barteln und Flossen sind absolut friedlich und reinigen das Aquarium zuverlässig von Futterresten. Zahlreiche Welse aus der Gattung Hypostomus sind jetzt im Fachhandel erhältlich. Diese Welse sind sehr attraktiv und durchaus als friedlich zu bezeichnen. Sie können das „Tüpfelchen auf dem i" für ein Diskusschauaquarium werden.

Welches Filtersystem Sie für ein solches Diskusschauaquarium verwenden, hängt von der Gestaltung dieses Aquariums ab. Ist das Aquarium in einen Schrank eingebaut, ergibt sich meist neben dem Aquarium die Möglichkeit, eine Filterkammer einzuplanen. Diese abgeteilte Filterkammer könnte in das Aquarium integriert sein, besser erscheint jedoch das Danebenstellen eines separaten, kleinen Filterbeckens. Dieses Filterbecken wird durch quer eingesetzte Glasscheiben in mehrere Kammern unterteilt. So können die Filterkammern mit verschiedenen Filtermaterialien wie Watte, Tonröhrchen, Kies oder Kohle gefüllt werden. In der letzten Kammer befindet sich eine Pumpe, die das gefilterte Wasser wieder in das Aquarium zurückpumpt. Bei entsprechender Größe dieses Filters kann die Standzeit durchaus mehrere Monate oder sogar ein Jahr betragen. Erforderlich ist dann aber eine Vorfilterkammer, die mit Watte bestückt wird. Diese Vorfilterkammer ist wöchentlich einmal von grobem Schmutz zu befreien.

Für kleinere Aquarien, bis etwa 250 Liter Inhalt, eignen sich auch Innenfilter, die mit einem Motorkopf versehen sind. Das Wasser wird in die im Aquarium stehende Filterkammer gesaugt und mit Hilfe des Motorkopfes wieder zurückgedrückt. Besteht die Möglichkeit unter dem Aquarium einen ausreichend großen Platz für eine Filteranlage einzuplanen, dann empfiehlt es sich vielleicht, diesen Platz zu nutzen und die Filteranlage unter das Aquarium zu setzen. Hier besteht jetzt die Möglichkeit, einen großen

Diskus-schauaquarien

Filtertopf mit Pumpenkopf zu verwenden. Solche großen Topffilter können mehrere Monate ohne Reinigung in Betrieb bleiben.

Um eine Reinigung oder Rückspülung einfach vornehmen zu können, empfiehlt es sich unbedingt, die Schlauchverbindungen mit Schnelltrennkupplungen, die zu diesen Filtern erhältlich sind, auszurüsten. Solche großen Topffilter gibt es auch mit eingebauten Heizschlangen, so daß eine weitere Heizung für das Aquarium entfallen kann. Reichlicher Platz unter dem Aquarium läßt aber auch den Einbau eines groß dimensionierten Filterbeckens zu. Zu diesem Zweck wird direkt unter dem Aquarium ein entsprechend großes Filterbecken aufgestellt. Über einen Überlauf läuft das Wasser direkt in das Filterbecken und wird dann durch mehrere Filterkammern geführt und in der letzten Klarwasserkammer mit Hilfe einer Pumpe wieder nach oben in das Aquarium geleitet. Diese großen Filteraquarien werden mit einem Vorfilter, der mit Watte oder Schaumstoff ausgestattet ist, vor grober Verschmutzung geschützt. Die Langzeitfilterkammern werden mit Tonröhrchen, Lavasteinen, Kies oder sonstigem Filtermaterial gefüllt. Dieses Filtermaterial kann unter Umständen mehrere Jahre unberührt in diesem Filter verweilen. Sinkt der pH-Wert nicht zu stark ab, ist eine gute Bakterienarbeit gewährleistet. Diese biologisch aktiven Filter sind gerade bei Diskusliebhabern sehr beliebt. Für welche Filterart Sie sich also letztendlich entscheiden, ist eine Frage Ihrer räumlichen Möglichkeiten.

Diese halbwüchsigen Diskus fühlen sich im Pflanzenaquarium sichtlich wohl.

Durch das Diskusjahrbuch, welches ebenfalls im Bede Verlag erscheint, habe ich ständigen Kontakt zu zahlreichen Diskusliebhabern. Um die Funktion eines Diskusschauaquariums auch in der Praxis zu testen, wurde ein Fragebogen zu diesem Thema verschickt. Die Antworten zu diesem Fragebogen geben praktische Rückschlüsse für den Aufbau eines Diskusschauaquariums. Eine Auswahl von Fragen und Antworten, sowie dem jeweiligen Schauaquarium im Bild, wird Ihr Interesse an einem schön eingerichteten Diskusaquarium sicherlich wecken. Ich danke meinen Diskusfreunden für Ihre Mitarbeit.

Diskusaquarium von Rolf Killian

Aquariengröße: Länge 1,5 m, Wasserstand 0,75 m, 600 Liter Wasserinhalt.

Besatz mit Fischen: Diskusfische, Schmetterlingsbuntbarsche, Rote Neons, Skalare, Panzerwelse.

Bodengrund: Fertigsystem mit Bodenfluterheizung aus dem Zoofachhandel mit Kiesauflage.

Vorbereitung des Bodengrundes: Fertigprodukt nach Anweisung.

Heizungsart/Größe: Bodenheizung mit 50 Watt, Heizstab 150 Watt in Filterkammer angebracht.

Filterart/Größe: Seitlich im Aquarium integriert, Drei-Kammern-Filter aus dem Fachhandel mit Pumpenkopf.

Beleuchtung: 5 Stück 40 Watt Warmtonröhren, zusätzlich zwei Punktstrahler-Halogen, ohne Zwischenscheibe ca. 5 cm über Wasseroberfläche in wasserdichter Fassung mit Spiegeln angebracht.

Pflanzenarten: Siehe unten.

Welche Pflanzen wachsen sehr gut?
Cabomba, Echinodorus paniculatus, Nomaphilia stricta, Nymphaea lotus, Rotala macrandra.

Welche Pflanzen wachsen schlecht?
Cryptocoryne petchii, Vallisnerien, Anubias nana.

Pflanzendünger?
Eisendünger, Kohlendioxid, Vitamine und Spurenelemente.

Kohlendioxidversorgung?
Ist vorhanden, aber selten im Einsatz.

Wöchentlicher Wasserwechsel? Wieviel?
Von Ausnahmen abgesehen, wöchentlich nur 5%.

Beifische im Aquarium: Ca. 30 Rote Neon, 4 Schmetterlingsbuntbarsche, 4 Leopardpanzerwelse, 2 Skalare, 4 ausgewachsene Diskus und 5 mittelgroße Diskus aus eigener Zucht.

Wieviele Diskus, Alter, Größe?
4 ausgewachsene Diskus, 16 cm, 3 Jahre alt.
5 mittelgroße Diskus, 6 Monate alt.

Futter für Beifische: Flockenfutter

Futter für Diskus: Zerkleinertes Herz mit Spinat, Multivitamin, gefriergetrockneten Mückenlarven und Flockenfutter vermischt.

Wassertemperatur: 28 Grad Celsius.

Wasserhärte: KH 1 Grad.

pH-Wert: 6,4

Wie oft füttern Sie täglich?
Zweimal.

Tägliche Beleuchtungsdauer: 15 Stunden.

Probleme im Diskuspflanzenaquarium:
Revierkämpfe.

Dekorationsmittel: Große Wurzel, die auch zum Laichen benutzt wird. Einige Kalksteine, die zur Kalkhärteanhebung verwendet werden.

Wie lange läuft das Aquarium schon problemlos? 5 Jahre.

Was würden Sie heute anders machen?
1.500 Liter Aquarium mit Rieselfilter bauen lassen.

Was hat sich bestens bewährt?
Einsatz von UV-Licht im Bypass, Nitratfilterung mit Ionenaustauschharz M 600.

Diskuszucht in diesem Aquarium?
Mehrfach.

Wie lange waren die jungen Diskus im Aquarium?
Ca. fünf Stunden, dabei wurden die meisten von den Schmetterlingsbuntbarschen und Neons gefressen.

Wieviele kamen durch?
Nach dem Absaugen in ein 100-Liter-Aufzuchtaquarium einmal 6 Stück. Ein anderes Mal alle, denn die unter Schwierigkeiten in das Zuchtbecken überführten Eltern pflegten perfekt weiter.

Diskusaquarium von Alain Fahrer

Aquariumgröße: Breite 2,0 m, Höhe 0,65 m, Tiefe 0,50 m.

Standort: Heller Wohnraum, ca. 2 m vom Fenster entfernt.

Bodengrund: Quarzsand, Quarzkies 1 – 3 mm Körnung, Lavakies 5 – 8 mm Körnung.

Dicke der Bodenschicht: 3 – 8 cm.

Vorbereitung des Bodengrundes: Mehrmals gewaschen.

Heizungsart/Größe: 2 Stabheizungen mit 200 und 100 Watt.

Filterart/Größe: 3 Topfaußenfilter mit je 500 Liter Durchfluß pro Stunde. 1. Filter mit Tonröhrchen und Watte. 2. Filter mit Tonröhrchen, Torf und Watte. 3. Filter mit Tonröhrchen, Aktivkohle und Watte. Im Wechsel wird alle vier Wochen ein Filter komplett erneuert.

Beleuchtung: 4 Neonröhren, Warmton mit je 55 Watt.

Pflanzenarten: Verschiedene Sorten von Echinodorus, Cryptocoryne, Anubias, Vallisnerien und Nymphaea.

Welche Pflanzen wachsen sehr gut?
Alle oben angegebenen Pflanzenarten.

Welche Pflanzen wachsen schlecht?
Limnophyla und Aponogeton.

Pflanzendünger?
Nur wenn das Pflanzenwachstum zurückgeht.

CO_2-Versorgung?
Nur wenn das Pflanzenwachstum zurückgeht.

Wöchentlicher Wasserwechsel? Wieviel?
Alle drei Wochen werden etwa 100 bis 150 Liter Wasser über einen Teilentsalzer erneuert.

Welche Fische, Menge, Art, Größe?

Welse:	1 Sturisoma aureum – Goldbartwels – 12 cm
	3 Corydoras leucomela – Panzerwels – 3 cm
	1 Hypostomus punctatus – Schilderwels – 28 cm
	2 Rineloricaria fallax – Hexenwels – 9 cm
	4 Ancistrus dolichopterus – Ancistrus – 5 cm
	5 Physailia pellucida – Glaswels – 5 cm
Schmerlen:	7 Acanthophthalmus – Dornauge – 7 cm
Salmler:	17 Hyphessobrycon bentosi – Schmucksalmler
	11 Hemigrammus rhodostomus – Rotmaulsalmler
	7 Hemigrammus rodwayi – Goldtetra
	6 Paracheirodon axelrodi – Roter Neon

Wieviel Diskus, Alter, Größe?

1 Grüner Wildfang	4 – 5 Jahre	14 cm	M
1 Brauner Wildfang	4 – 5 Jahre	13 cm	M
1 „Royal Blue"	4 Jahre	14 cm	M

1 Blauer Diskus	1 1/2 Jahre	17 cm	W
1 Blauer Diskus	2 1/2 Jahre	18 cm	W
1 Blauer Diskus	3 Jahre	19 cm	W
1 Blauer Diskus	1 Jahr	15 cm	W
1 Blauer Diskus	1 Jahr	14 cm	M

Futter für Beifische:
Das gleiche, wie für Diskus.

Futter für Diskus: Trockenfutter, gefrorene Rote Mückenlarven, DiscusProfiMenue, je nach Saison Lebendfutter, Raupen jeder Art, Erd- und Kompostwürmer.

Wassertemperatur: 29 Grad C.

Wasserhärte:
4 bis 7 Grad deutscher Gesamthärte.

pH-Wert: 5,8 bis 6,2.

Wie oft füttern Sie täglich?
Nur einmal täglich, 5 mal pro Woche.

Tägliche Beleuchtungsdauer: Im Sommer von 18.00 bis 23.00 Uhr, im Winter von 15.00 bis 23.00 Uhr.

Probleme im Diskuspflanzenaquarium: Durch die kurze Beleuchtungszeit und den geringen Mineralstoffgehalt sowie das leicht saure Wasser ist der Pflanzenwuchs nur spärlich. Sonst keine Probleme.

Dekorationsmittel: Moorkienwurzeln, Granitsteine, Pflanzen.

Wie lange läuft das Aquarium schon problemlos?
Dieses Aquarium hat im Januar 1989 mein 400 Liter Aquarium ersetzt. Die Filteranlage reichte nicht mehr aus, ich mußte nach vier Wochen eine Wasserverschlechterung feststellen.

Was würden Sie heute anders machen?
Bodengrund: Boden um ca. 1 cm mit einem Gitter anheben und das filtrierte Wasser

durch den Boden stoßen (zusätzliche Bodenfilterung).

Dekoration: Mehrere astförmige Wurzeln einbringen, kontrastfarbige, runde Steine verwenden. Zusätzliche Höhlen als Versteckmöglichkeiten anbieten.

Beleuchtung: 2 Quecksilberdampflampen einsetzen.

Filter: Filterinhalt müßte etwa der Hälfte der Aquariengröße entsprechen. Biofilter mit Torf- und Aktivkohlekammer. Zusätzliche UV-Bestrahlung.

Heizung: Stabheizung in Filter eingebaut.

Was hat sich bestens bewährt?
So wenig wie möglich in das Aquarium einzugreifen. Bei ersten Krankheitsanzeichen wird ausschließlich mit Ektozon „desinfiziert".

Diskuszucht in diesem Aquarium?
Ja, einmal hat ein Diskuspaar jede Woche ein Gelege abgesetzt, das aber sofort wieder aufgefressen wurde. Nach vielen vergeblichen Versuchen gelang einmal die Aufzucht bis zum Freischwimmen. Leider wurden die Jungen nach dem Freischwimmen bis auf 3 Stück von Salmlern gefressen. Nach diesem Vorfall ist keine Eiablage mehr beobachtet worden.

Wie lange waren die jungen Diskus im Aquarium?
Die überlebenden 3 Diskusfische verblieben die ganze Zeit im Aquarium.

Wieviele kamen durch?
2 der 3 Diskusfische konnten in diesem Aquarium größer gezogen werden.

Daß Diskusfische auch in einem bepflanzten Aquarium gut wachsen können, zeigt sich hier. Voraussetzung ist eine regelmäßige Wasserpflege und ein Entfernen von Futterresten, die sonst zu faulen beginnen.

Diskusaquarium von Klaus Wandinger

Aquariengröße: Gesamtlänge mit Biofilter 1,80 m, Tiefe 0,75 m, Höhe 0,65 m.

Bodengrund: Lavakies, 2 – 3 mm Körnung, bunter Kies, 2 – 3 mm Körnung.

Vorbereitung des Bodengrundes: Gut mit heißem Wasser ausgewaschen, untere Schicht mit einer Nährstoffmischung angereichert.

Heizungsart/Größe: Bodenheizung und zusätzlicher Heizstab mit 200 Watt in der Klarwasserkammer des Biofilters.

Filterart/Größe: Biofilter mit 5 Kammern. Tiefe 0,75 m, Höhe 0,65 m, Breite 0,35 m.

Beleuchtung: 2 HQL-Lampen mit je 125 Watt.

Pflanzenarten: Vallisneria spiralis, Hygrophila polysperma, Rotala macrandra, Nymphaea lotus, Cryptocorynen, Anubias nana und verschiedene Echinodorus.

Welche Pflanzen wachsen sehr gut?
Alle hier genannten Pflanzen.

Pflanzendünger?
Eisendünger.

CO_2-Versorgung?
Ja, wird mit einem Magnetventil und Zeitschaltuhr mit der Beleuchtung ein- und ausgeschaltet.

Wöchentlicher Wasserwechsel? Wieviel?
Alle zwei bis drei Wochen 200 bis 300 Liter Wasser direkt aus der Leitung.

Welche Fische, Menge, Art, Größe?
3 Sturisoma, 4 Antennenwelse, 4 Prachtschmerlen, 10 Corydoras, 6 Schmetterlingsbuntbarsche.

Wieviel Diskus, Alter, Größe?
12 Diskus in den Farbschlägen Grün, Blau und Türkis. Alter zwischen 2 und 5 Jahren, Größe zwischen 14 und 20 cm.

Futter für Beifische: Rinderherz, Mückenlarven, Futterflocken und Mysis.

Futter für Diskus: Wie für Beifische.

Wassertemperatur: 28 bis 30 Grad C.

Wasserhärte: Im Aquarium durchschnittlich 11 bis 12 Grad dh, KH 7 Grad.

pH-Wert: 7,0.

Wie oft füttern Sie täglich?
3mal täglich.

Tägliche Beleuchtungsdauer?
12 Stunden über Zeitschaltuhr.

Probleme im Diskuspflanzenaquarium:
Plötzliches Auftreten von Pinselalgen nach einem Jahr.

Dekorationsmittel: Porphyrplatten als Terrassen.

Wie lange läuft das Aquarium schon problemlos?
Seit einem Jahr.

Was würden Sie heute anders machen?
Nichts, bin so zufrieden.

Was hat sich bestens bewährt?
Der Biofilter, da er nur geringen Arbeitsaufwand verursacht und ein stabiles Wassermilieu garantiert. Ein weiterer wichtiger Punkt ist der fest installierte Wasserzu- und ablauf.

Diskuszucht in diesem Aquarium?
Schon mehrere Gelege, die aber immer wieder gefressen wurden.

Ein perfektes Diskusaquarium von Franz Pröbstl

Diskusaquarium von Franz Pröbstl

Aquariengröße: 80 x 40 x 50 cm, 160 Liter.

Bodengrund:
Quarzsand mit 2 – 3 mm Körnung.

Vorbereitung des Bodengrundes: Untere Kiesschicht wurde mit Tropen-Laterit vermengt.

Heizungsart-Größe:
Im Filter integrierte Heizung.

Filterart-Größe: Eheim-Thermo-Filter mit 390 Litern Leistung pro Stunde.

Beleuchtung: Juwel-Multilux-Abdeckung mit drei Röhren Lichtfarbe 11.

Pflanzenarten: Cabomba, Rote Tigerlotus, Ludwigia, Indischer Wasserfreund, Javafarn, Schwarze Amazonas-Schwertpflanze, Zwerg-Amazonas-Schwertpflanze, Herzblättrige Amazonas-Schwertpflanze, Papageienblatt.

Welche Pflanzen wachsen sehr gut?
Alle, außer Papageienblatt.

Pflanzendünger?
Pflanzendünger und Spurenelemente, regelmäßig alle 14 Tage.

CO_2-Versorgung?
Ja, mit Anlage aus dem Fachhandel.

Wöchentlicher Wasserwechsel? Wieviel?
40 Liter pro Woche.

Welche Fische, Menge, Art und Größe?
3 Scalare, 8 Rotkopfsalmler, 8 Rote Neon, 5 Keilfleckbarben und 1 Antennenwels.

Wieviel Diskus, Alter, Größe?
3 Blaue Diskus im Alter von 2 Jahren und einer Größe von 12 bis 14 cm.

Futter für Diskus und Beifische?
Rinderherz, Rote Mückenlarven, Diskusfuttergranulat und Flockenfutter.

Wassertemperatur: 28 Grad C.

Wasserhärte: Carbonathärte 3 Grad – Gesamthärte 6 Grad.

pH-Wert: 6,3

Wie oft füttern Sie täglich?
2- bis 3mal.

Tägliche Beleuchtungsdauer?
13 Stunden.

Probleme im Diskuspflanzenaquarium?
Keine.

Dekorationsmittel: Mooreichenwurzel und versteinertes Holz.

Wie lange läuft das Aquarium schon problemlos?
2 Jahre.

Was würden Sie heute anders machen?
Ich würde ein Bodenheizkabel verlegen.

Was hat sich bestens bewährt?
Ich füttere gleichzeitig an zwei verschiedenen Stellen und halte damit die gierig fressenden Skalare von den Diskusfischen fern.

Diskuszucht schon in diesem Aquarium erfolgt?
Die Diskus laichen regelmäßig ab.

Wie lange waren die Jungen im Aquarium?
Die Eier wurden in der Nacht vermutlich von anderen Fischen gefressen.

Diskusaquarium von Jürgen Jeske

Aquariengröße: 1,50 m x 0,6 m x 0,6 m. Offenes Aquarium.

Bodengrund: Untere Schicht ca. 3 cm Kies mit 1 cm Körnung, dann 7 cm Kiesschicht mit etwa 3 – 4 mm Körnung.

Vorbereitung des Bodengrundes: Einbringung von 1,5 kg Dünger in die untere Kiesschicht.

Heizungsart/Größe: Bodenkabelheizung mit 100 Watt, zusätzlich ein Heizstab mit 150 Watt im Filter.

Filterart/Größe: Filter steht unter dem Aquarium und wird durch ein Fallrohr gespeist. Filtergröße 1,0 m x 0,45 m x 0,30 m. Drei-Kammern-Filter mit einer Schnellfilterkammer mit Schaumstoff, einer Biofilterkammer mit Lavagestein und einer Klarwasserkammer.

Beleuchtung:
2 HQL-Leuchten à 125 Watt.

Pflanzenarten: Echinodorus horizontalis, E. amazonicus, E. osiris, Rotala, Vallisnerien, Sagitaria subulata, Hexantheria zosterifolia, Hydrocotyle leucocephala.

Welche Pflanzen wachsen sehr gut?
Alle angeführten Pflanzen wachsen sehr gut. Einige Pflanzen wachsen aus dem Aquarium und beginnen zu blühen.

Welche Pflanzen wachsen schlecht?
Bisher nur Probleme mit Cryptocorynen. Vermutlich wegen der hohen Wassertemperatur und der stärkeren Beleuchtung.

Pflanzendünger?
Einmal wöchentlich Flüssigdünger aus dem Fachhandel.

CO_2-Versorgung?
Ja, über digital gesteuertes CO_2-Gerät.

Wöchentlicher Wasserwechsel? Wieviel?
Wöchentlich einmal 200 Liter.

Welche Beifische?
5 Otocinclus affinis, 6 Corydoras, 5 Ancistrus, 6 Papilliochromis altispinosa, 25 Rote Neon, 12 Rotkopfsalmler, 6 Kongosalmler.

Wieviele Diskus, Alter, Größe?
2 Türkisdiskus mit 1 1/2 Jahren und 15 cm Größe. 1 Flächendiskus, 2 Jahre, 14 cm. 1 Haraldi-Diskus, 2 Jahre, 14 cm. 1 Rottürkisdiskus, 1 Jahr, ca. 13 cm.

Futter für Fische: Trockenfutter, Tablettenfutter, Diskusfutter, Herz, Artemia, Mysis, Krill und Rote Mückenlarven.

Wassertemperatur: 30 Grad C.

Wasserhärte: 7 Grad deutscher Härte.

pH-Wert: konstant 6,5.

Wie oft füttern Sie täglich?
4- bis 5mal.

Tägliche Beleuchtungsdauer?
13 Stunden.

Probleme im Diskuspflanzenaquarium?
Absolut keine Probleme. Früher im 200-Liter-Aquarium hatte ich starke Probleme mit den auftretenden Algen.

Dekorationsmittel: 2 Moorkienwurzeln, 2 große Korkrinden.

Wie lange läuft das Aquarium schon problemlos?
Bisher ein Jahr ohne Probleme in Betrieb.

Was würden sie heute anders machen bei Neueinrichtung?
Nichts. Alles hat sich bewährt.

Was hat sich bestens bewährt?
Die große Filteranlage. Das Wasser ist nitratfrei und glasklar.

Diskuszucht schon in diesem Aquarium erfolgt?
Bisher nur bis zu dem Stadium des Schlüpfens der Larven. Danach wurden sie meist von anderen Fischen gefressen.

Diskusaquarium von Jane Drensek

Aquariengröße: 2,0 x 0,60 x 0,50 m.

Bodengrund: Kies mit 2 – 3 mm Körnung.

Wie wurde der Bodengrund vorbereitet?
Nur gewaschen.

Heizungsart/Größe:
2 Regelheizer à 300 Watt.

Filterart/Größe: Ein Topffilter und 2 Schnellfiltertöpfe mit Pumpenkopf.

Beleuchtung: 4 Röhren mit 58 Watt – Lumilux.

Pflanzenarten: Cryptocorynen, Amazonas-Schwertpflanzen, Vallisnerien, Javafarn, Sumatrafarn, Anubias nana, Tigerlotus.

Welche Pflanzen wachsen sehr gut?
Alle Pflanzen wachsen hervorragend und ohne Probleme.

Pflanzendünger?
Ja, Spezial-Cryptocorynen-Dünger.

CO_2-Versorgung?
Nein.

Wöchentlicher Wasserwechsel? Wieviel?
Einmal wöchentlich ca. 150 Liter.

Welche Beifische?
30 Rote Neon, ca. 20 Corydoras, 3 Perlhuhn-Welse, 1 Panaque nigrolineatus.

Wieviele Diskus, Alter, Größe?
10 mittelgroße Diskus von ca. einem Jahr und 12 bis 15 cm, 5 kleine Diskus von ca. drei Monaten.

Futter für Fische: Flockenfutter, vitaminisiertes DiskusProfiMenue, Tubifex-Würfel gefriergetrocknet, Diskusfuttergranulat.

Wassertemperatur: 30 Grad C.

Wasserhärte: 2 Grad deutscher Härte.

pH-Wert: 6,6.

Wie oft füttern Sie täglich?
2mal.

Tägliche Beleuchtungsdauer?
12 Stunden.

Probleme im Diskuspflanzenaquarium?
Bisher sind keine aufgetreten.

Dekorationsmittel: Moorkienholz, Mooreiche, Savannenholz.

Wie lange läuft das Aquarium schon problemlos?
4 Jahre.

Was würden Sie heute anders machen bei Neueinrichtung?
Nichts. Alles hat sich bestens bewährt, besonders der grobe Lavafilter.

Diskuszucht schon in diesem Aquarium erfolgt?
Ja, aber die Jungfische wurden etwa zwei Tage nach dem Freischwimmen von anderen Fischen gefressen.

Diskusaquarium von Günter Heymans

Aquariengröße: Länge 2,0 m, Tiefe 0,70 m, Höhe 0,60 m.

Bodengrund: Feiner Kies gemischter Färbung, zwischen 2 und 4 mm Körnung.

Vorbereitung des Bodengrundes: Bodenheizung, Einbringen von Torfplatten unter dem Kies, Kieshöhe 7 cm.

Heizungsart/Größe: Bodenheizung mit 100 Watt, Stabheizung mit 300 Watt.

Filterart/Größe: Innenfilter, Größe 100 Liter, gefüllt mit Granulat und Keramikröhrchen.

Beleuchtung: 5 Neonröhren à 36 Watt, 2 Neonröhren à 18 Watt.

Pflanzenarten: Zwerg-Vallisnerien, Eichhornia, verschiedene Echinodorus-Schwertpflanzen, Javamoos, Tigerlotus rot und grün und Cryptocoryne wendtii.

Welche Pflanzen wachsen sehr gut?
Alle Pflanzen wachsen bestens.

Pflanzendünger?
Nur 2 mal im Jahr wird Eisendünger zugegeben.

CO_2-Versorgung?
Ja, aber nicht über 10 mg pro Liter.

Wöchentlicher Wasserwechsel? Wieviel?
Alle 14 Tage etwa 20% des Aquariuminhaltes.

Welche Fische, Menge, Art?
6 Ancistrus, 6 Panzerwelse, 8 Otociynclus, 10 Siambarben.

Wieviele Diskus, Alter, Größe?
6 Diskusfische, Alter zwischen 1 1/2 und 3 Jahren, Höhe ca. 18 cm.

Futter für Fische?
Gefrorene Rote, Weiße und Schwarze Mükkenlarven, Enchyträen, junge Regenwürmer, Diskusfutter und Herz und DiscusProfi-Menue.

Wassertemperatur: Maximal 28 Grad C.

Wasserhärte: 300 Microsiemens, ca. 8 bis 9 Grad deutscher Härte, pH-Wert: 6,8.

Wie oft füttern Sie täglich? 2mal

Tägliche Beleuchtungsdauer? 15 Stunden.

Probleme im Diskuspflanzenaquarium?
Pflanzen wuchern zu schnell und müssen oft ausgelichtet werden.

Dekorationsmittel: Steinwurzeln.

Wie lange läuft das Aquarium schon problemlos?
Über zwei Jahre.

Was würden Sie heute anders machen bei Neueinrichtung?
Nichts, ich würde wieder so verfahren.

Was hat sich bestens bewährt?
Im vorderen Teil des Aquariums befindet sich kein Bodengrund. Das Aquarium wurde hier mit brasilianischem Granit ausgekleidet. Die Fische können so das Futter besser aufnehmen. Außerdem haben die Tiere so genügend Schwimmraum. Futterreste und Kot lassen sich schnell absaugen.

Diskuszucht schon in diesem Aquarium erfolgt?
Alle 3 Paare laichen regelmäßig ab und pflegen ihre Brut. Larven verschwinden spätestens am dritten oder vierten Tag nach ihrem Freischwimmen. Vermutlich sind die Siambarben hier die Schuldigen.

Diskusaquarium von Irmtraud und Hartmut Wolf

Aquariengröße: 1,30 m x 0,60 m x 0,45 m.

Bodengrund: Weißer Kies mit 1 – 2 mm Körnung.

Vorbereitung des Bodengrundes: Die Hälfte des Kieses wurde mit einem Langzeitpflanzendünger vermischt.

Heizungsart/Größe: Bodenheizung, 24 V – 50 Watt, und zusätzlicher Regelheizer mit 150 Watt.

Filterart/Größe: Kompaktfilterstation.

Beleuchtung: 2 Quecksilberdampflampen mit 80 Watt.

Pflanzenarten: Echinodorus paniculatus, E. parviflorus, E. grisebachi, E. osiris, Alternanthera rosaefolia, Nymphaea lotus, Cryptocoryne purpurea, Vallisnerien, Rotala macrandra und Eichhornia crassipes.

Welche Pflanzen wachsen sehr gut?
Alle Pflanzen, mit Ausnahme der Cryptocoryne wachsen sehr gut.

Pflanzendünger?
Spurenelemente, Eisenvolldünger und Universalvolldünger im ständigen Wechsel.

CO_2-Versorgung?
Über Filterstation wird CO_2 regelmäßig zugegeben.

Wöchentlicher Wasserwechsel? Wieviel?
Ein Drittel des Aquarienwassers wird jede Woche ausgetauscht.

Welche Fische, Menge, Art?
8 Rotmaulsalmler, 10 Rote Neon, 10 Schwarze Neon, 6 Panzerwelse, 3 blaue Antennenwelse, 3 Schmetterlingsbuntbarsche und 10 Glühlichtsalmler.

Wieviele Diskus, Alter, Größe?
8 Diskusfische verschiedener Farbschläge, 2 ca. ein Jahr mit 15 cm, 2 ca. 1/2 Jahr mit 8 cm und 4 im Alter von 8 Wochen mit 5 cm.

Futter für Fische: Verschiedene Flockenfutterarten, Diskusfutter, Wasserflöhe, Rinderherz und gefrorene Rote Mückenlarven.

Wassertemperatur: 28 Grad C.

Wasserhärte: 6 Grad Gesamthärte, 3 Grad Carbonathärte.

pH-Wert: 6,8.

Wie oft füttern Sie täglich?
5- bis 6mal verschiedene Futtersorten.

Tägliche Beleuchtungsdauer?
12 Stunden.

Probleme im Diskuspflanzenaquarium?
Keine, außer Braunalgen, die jedoch nach dem Einsetzen von Schwimmpflanzen zurückgedrängt wurden.

Dekorationsmittel: 2 Moorkienwurzeln, Schieferplatten, Schwimmpflanzen.

Wie lange läuft das Aquarium schon problemlos? 2 Jahre.

Was würden Sie heute anders machen bei Neueinrichtung?
Ein größeres Aquarium wählen.

Was hat sich bestens bewährt?
Kohlendioxiddüngung, Filterung über Torf.

Diskuszucht schon in diesem Aquarium erfolgt?
Nein.

Diskusfische und Krankheiten

Durch Wildfänge können leicht Parasiten in ein Aquarium eingeschleppt werden. Hier die Merkmale einer Ablösung von Schuppen, hervorgerufen durch einen Parasiten.

Daß Diskusfische sehr krankheitsanfällig sein sollen, wird allgemein behauptet, trifft jedoch nicht unbedingt zu. Werden Diskusfische krank, liegt oft der Fehler bei der unsachgemäßen Hälterung. Jeder Fisch reagiert mit Unwohlsein, bzw. Krankheitsanfälligkeit auf eine gestörte Biologie seiner Umwelt, sprich Aquarium. Diskusfische sind nicht empfindlicher als andere Fische. Nur erhalten sie wegen ihrer imposanten Erscheinung und ihres hohen Preises mehr Aufmerksamkeit. So merkt der Pfleger sehr schnell, daß sein Diskusfisch krank ist, während er aber die 30 Neonfische, die vielleicht auch krank im selben Aquarium schwimmen, nicht beachtet. Vorbeugung ist oft die beste Heilung. Vorbeugung bedeutet gutes Wassermilieu, aufmerksame Pflege und Kontrolle. Krankheitserzeugende Faktoren bei Diskusfischen sind Amonium- oder Nitritvergiftungen, schnelle pH-Wert-Veränderungen, Temperaturstürze, Sauerstoffmangel und Vergiftungen durch Fremdstoffe. Auch der Streß des Transports und Gefan-

Erst wenn neu erworbene Fische eine längere Zeit in Quarantäne zugebracht haben und auch vorbeugend behandelt wurden, sollten sie in das Hälterungsaquarium umgesetzt werden. Eine strenge Quarantäne ist sehr wichtig, wird aber oft vernachlässigt.

Löcher in der Kopfregion von Diskusfischen werden nicht immer durch die Lochkrankheit hervorgerufen. Es können auch Mangelerscheinungen, einseitige Ernährung oder sehr saueres Wasser dieses Erscheinungsbild hervorrufen. Die Fische fressen gut und zeigen sich munter.

genwerdens, des Umsetzens in das neue Aquarium, die Übervölkerung der Aquarien und das Einschleppen von Krankheiten durch neue Fische darf nicht unterschätzt werden. Gerade das Einschleppen von Krankheiten durch neue Fische ist ein Punkt, der durch eine gezielte und konsequente Quarantäne unterbleiben würde. Leider geht aber der Liebhaber hier mit der Quarantänebehandlung etwas großzügig um, denn er möchte eben bald seine neuen Fische im Aquarium schwimmen sehen. Unter Quarantäne ist bei Diskusfischen eine separate Hälterung von mindestens zwei bis vier Wochen zu verstehen. Neu hinzugekaufte Diskuswildfänge müssen mindestens einen, besser zwei Monate in Quarantäne gehalten werden. Da alle Wildfangdiskus Parasiten mit sich führen, kann die Vorsicht hier nicht hoch genug sein. Wichtige Anregungen, Krankheitsbehandlungsvorschläge und Vorbeugungsmaßnahmen erhalten Sie in dem zweibändigen Werk von Dieter Untergasser „Gesunde Diskus und Großcichliden", die ebenfalls im Bede Verlag erschienen sind. Hier werden Sie Antworten auf alle Ihre Fragen, die Diskusfische und ihre Krankheiten betreffend, finden.

Dieser „Kopfsteher" war nicht mehr zu retten. Durch schlechte Wasserqualität kam auch noch ein Glotzauge dazu. Als ich diesen Fisch erhielt, war es auch für eine intensive Behandlung bereits zu spät, denn „Kopfsteher" sind nur in Ausnahmefällen und dann nur zu Beginn der Erkrankung zu retten.

Das Auge dieses Diskus wurde durch einen pH-Sturz zerstört. Sehr weiches Wasser ist instabil. Es kann zu plötzlichen pH-Wert-Absenkungen kommen. Die Schleimhaut der Fische wird verletzt, es kommt zu Augentrübungen, und später ist das Auge rettungslos verloren. Beachten Sie deshalb regelmäßig den pH-Wert Ihres Wassers.

Typische Krankheiten der Jungtiere

Die erfolgreiche Aufzucht der kleinen Diskusfische ist schwieriger, als die eigentliche Zucht. Bei schlechten Wasserverhältnissen kommt es schnell zu Wachstumsschäden und Flosseneinschmelzungen. Hier hilft gute Wasserpflege und gutes Futter.

Typisches Beispiel für Flosseneinschmelzungen. Dieser Jungfisch hat deutlich zurückgebildete Flossen. Der Riß in der Rückenflosse ist ebenfals eine Folge schlechter Versorgung. Oft ist gerade der pH-Wert von großer Bedeutung bei solchen Mißbildungen.

Mangelhaft entwickelte Kiemen bei Jungfischen sind oft eine Folge einer schlechten Sauerstoffversorgung des Zuchtwassers während der ersten Lebenswochen. Auch eine einseitige Ernährung kann zu solchen Mißbildungen führen, die sich kaum noch zurückbilden. Solche Fische sind für Verkauf und Zucht verloren.